Alfred Goubran * Herz

Alfred Goubran

HERZ

Eine Verfassung

braumüller

Orthographie und Grammatik entsprechen in weiten Teilen Muschgs Originalaufzeichnungen, nur offensichtliche Fehler wurden korrigiert, die Unterstreichungen durch Kursivierung ersetzt und manchmal die Dialoge, zur besseren Lesbarkeit, in Einzelzeilen gesetzt.

Bibliografische Information der Deutschen Nationalbibliothek
Die Deutsche Nationalbibliothek verzeichnet diese Publikation
in der Deutschen Nationalbibliografie; detaillierte bibliografische
Daten sind im Internet über http://dnb.d-nb.de abrufbar.

Printed in Austria

Alle Rechte, insbesondere das Recht der Vervielfältigung und Verbreitung sowie der Übersetzung, vorbehalten. Kein Teil des Werkes darf in irgendeiner Form (durch Photokopie, Mikrofilm oder ein anderes Verfahren) ohne schriftliche Genehmigung des Verlages reproduziert oder unter Verwendung elektronischer Systeme gespeichert, verarbeitet, vervielfältigt oder verbreitet werden.

1. Auflage 2017
© 2017 by Braumüller GmbH
Servitengasse 5, A-1090 Wien
www.braumueller.at

Covergestaltung: Nicolas Mahler
Druck: EuroPB, Dělostřelecká 344, CZ 261 01 Příbram
ISBN 978-3-99200-183-5

I

Heute am 17. März wie an jedem Tag sehe ich die kleinen Bipeden über die Weltbühnen flimmern, Männer wie Frauen, menschlicher Flitter, der mir vor den Augen tanzt, seelenloser Firlefanz, jung & alt, Ramschmenschen, laut & roh, Trödelkinder & Rummelvieh, laut & billig – billiger die einen, die anderen ermäßigt, Pfandflaschen, Rabattmarken, Rubbellose, Umsessene & Berittene, Wichtel & Hilfsteufel aller Art, die Herde, der Schwarm, ein Gewimmel von Fleischrosen, ein Fang silberner Fische, der im Bootsrumpf zappelt, während rundum das Meer freundlich gleißt & in den Aborten der Parlamente die Abgeordneten ihre Hände in Chlorwasser & sich das Gemeinwohl wie Reste geronnener Milch aus den Augen waschen,

|: heute am 17. März wie an jedem Tag :| tönt ihr Geschrei & Geplapper aus den Laut- & Lautersprechern der Welt, fast möchte man sagen – nein, so spricht man nicht, immer hast du den falschen

Pullover & nie die richtigen Schuhe an, menschliches Geräusch überall, hier in der Anstalt & draußen in der Stadt, ein Keuchen & Ächzen, ein Scheuern & Schaben, das Gemurmel der Verdauungssäfte, die Flatulenzen & Schlafgeräusche, das Zähneknirschen & Knacken der Gelenke, die Schritte, das Händeklatschen,

und keinen stört der Gestank, die Ausdünstungen der Furunkelköpfe in den U-Bahnen, der Fäulnisgeruch in den Markthallen, der Pestilenzatem der Wurstverkäuferin, das freundliche Lächeln der Stationsschwester, während sie meine Tagesration Tabletten aufs Nachtkästchen stellt & mir aus ihrem morschen Gebiß die schwärzeste Zahnfäule ins Gesicht lacht, Schwester Anke, die Fröhliche, der die Lebenslust aus den Augen blitzt, im Strahlenkranz ihrer Lachfalten & Fältchen unter den Augenrändern, oben ein Fächer ergrauter Wimpern, dazwischen das Augenweiß, milchblau schimmernd, ein Muschelgrund, das Rätselbild ihrer samtgrünen Iris, die schwarzen & nußbraunen Makel wie Blätter auf die Regenbogenhaut gestreut, ein Zwillingsmandala, in dessen Anblick ich mich versenke, während sie mit den Worten „Guten Morgen, Herr

Muschg – Ihre Medizin" ihren Fäulnisatem verströmt, daß ich zu schielen beginne und ihr mitten auf der Stirn aus den zwei Augen ein drittes erblüht;

|: heute am 17. März wie an jedem Tag :| presse ich die Lippen zusammen & halte die Luft an, bis sie mit ihren Verrichtungen fertig ist & das Zimmer verläßt, dann springe ich auf, öffne das Fenster und flüchte vor der eisigen Luft in den angrenzenden Waschraum, um mir, zum zweiten Mal an diesem Morgen, die Zähne zu putzen & die Pillen aus dem Plastikbecher in die Kloschüssel zu leeren, pastellfarbene Köttel, die ich wieder der Allgemeinheit zuführe, wobei ich mich keiner Sekunde der Vorstellung hingebe, ich hätte mir oder der Welt damit etwas Gutes getan,

denn die Vergiftung ist eine Sache, der Ekel eine andere, und die Tabletten, die mir Schwester Anke |: heute am 17. März wie an jedem Tag :| aufs Nachtkästchen stellt, sind für mich untrennbar mit dem Pestatem, den sie mir allmorgendlich ins Gesicht haucht, verbunden, auch jetzt, während ich dies niederschreibe & vor meinem inneren Auge den Plastikbecher auf dem Nachtkästchen stehen sehe, halte ich unwillkürlich die Luft an wie ein Säugling, der erschrickt, wenn man ihm ins Gesicht bläst – kein Wunder also, daß ich diese Tabletten weder anfassen noch in den Mund nehmen oder hinunterschlucken will, stellen sie für mich doch die Essenz & das Konzentrat der allmorgendlichen Geruchsbelästigung dar,

eigentlich ist diese Schwester Anke & alles, was sie mir bringt, *nur* ein schlechter Geruch, den ich als notwendige Heimsuchung hinnehme, nicht unähnlich dem Dunst aus geschmortem Fett & Bratensäften, der allabendlich aus den Hinterhofküchen der Gaststätten & Restaurants in den Lichthöfen aufsteigt & durch die geöffneten Fenster in die Wohnungen dringt, wo er zu kleinen Fetttröpfchen kondensiert, sich in den Gardinen festsetzt, auf die Tische, Möbel & Böden sinkt, ein zäher, klebriger Niederschlag, der sich mit dem Hausstaub mengt, den mikroskopisch kleinen Haar- & Hautresten, den Milben & Rädertierchen, dem Dreck & Straßenabrieb, den man an seinen Schuhsohlen in die Wohnung trägt, sodaß es unmöglich ist, seiner Berührung zu entgehen & die mit Palmöl & Innereien gesättigte Luft über die Haut oder die Lungen nicht in sich aufzunehmen, doch kaum einer brächte den schlechten Geschmack in seinem Mund, die Ekzeme & allergischen Hautreaktionen in Zusammenhang mit dem Gestank, und so ist auch Schwester Anke, mit der ich sonst weiter nichts zu tun habe, im letzten ein Gestank & ein übler Geruch für mich, der menschliche Gestalt angenommen hat & mir als Morgengruß ins Zimmer weht, wobei es keinen Unterschied macht, ob ich hernach das Fenster öffne oder die Tabletten ins Klo schütte, um mich des Gestanks zu entledigen, denn Lokus & Orkus sind in diesem Moment, zumindest für mich, kommunizierende Gefäße eines miasmatischen Systems, an das ich nicht angeschlossen sein will,

vor den Wirkungen & Nebenwirkungen der Tabletten fürchte ich mich jedoch nicht – längst habe ich mich mit der Vergiftung abgefunden, wenn sie keinen Ekel in mir auslöst, auch hege ich den Verdacht, daß eine gewisse Grundschädigung |: heute am 17. März wie an jedem Tag :| der Gesundheit durchaus förderlich ist, denn ein gesunder Organismus, wie er vielleicht noch vor fünfhundert Jahren auf diesem Planeten existiert hat, würde an den Belastungen, denen wir heute täglich ausgesetzt sind, innerhalb weniger Wochen zugrunde gehen, das gilt auch für einen geistig gesunden Menschen: Ohne die Verdrängungsmechanismen, die bereits in frühester Kindheit eingeübt werden, ohne den Schutz der Neurosen, Komplexe, Psychosen & Aufmerksamkeitsdefizite würde er unter der Flut der Propaganda & Idiotologien, der ständigen Reizung der Nerven & Sinne in kürzester Zeit verrückt werden – die Geisteskrankheit, an die wir uns allmählich, dem öffentlichen Bildungsauftrag folgend, gewöhnt haben, würde ihn mit *einem* Schlag treffen & eine Art Kurzschluß auslösen, was einer Aufnahme in unsere Gesellschaft *in nuce* gleichkäme,

danach, denke ich mir, würde sich auch für ihn schon noch ein Plätzchen finden, wo er sein Leben fristen & der Allgemeinheit als Studienobjekt oder Psychopharmakaprobant dienlich sein könnte, vielleicht in einer Anstalt wie dieser hier,

obgleich der *große Blabla* es sich ausdrücklich verbeten haben will, von diesem Haus als einer Anstalt zu sprechen, „Das ist keine Anstalt", sagt er, „sondern ein Sanatorium", & sagt es nicht nur einmal, sondern zwei- oder dreimal, eindringlich will er sein, das merkt man, beide Hände hat er auf die Stuhllehnen gestützt, die großen Eulenaugen blicken starr, „Ein Sanatorium, verstehen Sie …" – als ob das einen Unterschied macht, wir haben auch das Theater immer nur *die Anstalt* genannt, etwas anderes war es nicht, und daß mich der *große Blabla* als vertrauensbildende Maßnahme & Beschäftigungstherapie den Dienstplan schreiben läßt, trägt auch nicht dazu bei, daß ich diesen Ort als Heilstätte empfinde, im Gegenteil, das Theater war für mich immer ein *Unheilsort*, man hat dort nicht gearbeitet, sondern gelitten, was nur natürlich ist, geht doch niemand ohne Ideale & Idealismus ans Theater, jeder hat doch zumindest eine Vorstellung vom Theater im Kopf, zu der wir uns auf die eine oder andere Art verhalten,

so seien „die Theater & Konzertsäle, aber in erster Linie die Theater, die Kirchen & Kathedralen unserer Zeit, in denen sich die Kulturgläubigen versammeln, um sich im Glauben an eine Kultur, die es in unserer Gesellschaft längst nicht mehr gibt, zu stärken", wie es der Dichter Aumeier einmal ausgedrückt hat, das Theater sei die Heilige Kuh & das Goldene Kalb, das der Herdenmensch heute verehrt, die Vergötzung sei Bestandteil der Liturgie, die Schauspieler, Regisseure & Autoren würden zu Idolen verklärt, denen gehuldigt wird, die angebetet, ja manchmal auch *vergöttert* werden, wie es heißt, Priestern nicht unähnlich, die der Seligsprechung teilhaftig werden,

und natürlich, wann immer die Kultur zur Religion & die Religion zum Kult & der Kult zum Götzendienst degeneriert, sei die Wirkung auf das *reale Leben* durch das Theater – und im weitesten Sinn durch Kunst & Kultur – von höchster Wichtigkeit, etwa wenn ein Stück zum Skandal wird, das sei der größte Erfolg, der sich denken läßt, weil er ein Beweis für die Wirkmächtigkeit des Kulturglaubens sei – wie in den Kirchen ja auch jedes Wunder im letzten ein Gottesbeweis sei, so Aumeier,

wobei mir auffällt, daß stets die Gläubigen der Beweise bedürfen, eine Bedürftigkeit, die, denkt man an die moderne Wissenschaft, doch ein mehr als deutlicher Hinweis darauf ist, daß wir es dabei eher mit einer Quasi-Religion als mit einer Wissenschaft zu tun haben, doch sind das Abwege, was geht mich die moderne Wissenschaft an, die Wissenschaft überhaupt, natürlich sind das Quasi-Religionen in einer gottlosen Zeit, „Kulte" – meinetwegen, die Nation, der Staat, die Universitäten, die Zeitungen, die Parteien, dann ist auch der Theaterkult eine Selbstverständlichkeit, wenngleich ich das Wort Kult noch zu stark finde & es für mich, der Empfehlung des Dichters Aumeier folgend, doch eher als „ritualisiertes Getue" bezeichnen will, als Überbegriff für das, was uns heute als Kultur gilt,

„Getue", denke ich, reicht auch schon aus, kein Tun, sondern ein Getue, das ist ein Unterschied, man weiß es ja, wo immer man auf solche Menschen trifft, der *große Blabla*, wenn er seine Eulenaugen macht, man weiß, das ist Getue, auch wenn das Wort nicht gleich zur Hand ist, man wird sofort zum Publikum, eigentlich sollte man applaudieren, wo immer man auf das Getue trifft, ist das Gespräch zu Ende, egal ob im Bett mit einer Frau oder im Zimmer des Direktors, regelrechte Privatvorstellungen werden da jeden Tag in den Schlafzimmern gegeben, was, denke ich, auch in Ordnung ist, solange eine Frauendarstellerin auf einen Männerdarsteller trifft, in jeder anderen Kombination wird es mühsam,

das hat uns vorher auch keiner gesagt, denke ich mir, das darf man sich selber zusammenbuchstabieren, bei den Menschendarstellern, Männern wie Frauen, nimmt *das Vorspiel* ja kein Ende, und ich kenne viele, die in der *Vorspielhölle* gelandet sind & sich den Aufenthalt durch Affären erträglicher gestalten wollen, doch auch das ist mir kein Thema, jetzt wo ich in der Anstalt gelandet bin, das ist ein in jeder Hinsicht ent-erotisierter Ort, vielleicht versetzen sie den Tee mit Brom wie in den Kasernen, man weiß es nicht, was soll ich hier mit meiner Libido, die kann mir so egal sein wie die moderne Wissenschaft & der Staat & die Politik & die Medien, der einzige Ehrgeiz, der mir geblieben ist, falls man das überhaupt Ehrgeiz nennen kann, ist herauszufinden, wie & weshalb ich hier gelandet bin, wo mir ein Tag wie der andere ist, bevor ich das nicht weiß, brauche ich mich mit den „großen Fragen" gar nicht abzugeben, das überlasse ich dem *großen Blabla*, der vom Leben & Tabus schwadroniert, von Träumen & Trieben, Eltern & Kindheit, Komplexen & Depressionen, bis mir die Ohren bluten, redet er seinen Katalog des Gedachten & Angelernten in mich hinein, doch es erreicht mich nicht, ich habe mich, um seiner *Behandlung* zu entgehen, in meinen inneren Konferenzraum zurückgezogen, von dessen Existenz er nichts weiß, dort ist er nur ein Geräusch, oft nicht einmal das, überhaupt, denke ich, daß der *große Blabla* von den Innenräumen, die wir bewohnen, keine Ahnung hat, er hat nur Begriffe, tote Worte, Schall & Rauch, mehr ist sein Sprechen nicht, & ich sehe keinen Grund, das zu ändern, falls das überhaupt möglich ist, im Gegenteil, ich denke, es ist wichtig, daß ich mich ihm gegenüber verschweige – so gut, daß er keinen Zugang findet,

also ziehe ich mich zurück, wie ich es vom Theater gewöhnt bin |: heute am 17. März wie an jedem Tag :|, während der *große Blabla* gestikulierend & plappernd ums Haus streicht, & lasse meine Ansichten über das Theater Revue passieren – ja, denke ich, ja, das ist alles wahr & im Sinne des Dichters Aumeier gedacht, der, obschon vor mehr als zehn Jahren gestorben & wiewohl er mir in den letzten Monaten nicht mehr gewogen war, mein Denken bis heute nachhaltig beeinflußt, um nicht zu sagen *besetzt*, was mir nicht angenehm ist, doch wenn ich ehrlich bin, habe ich mich immer gerne von den Gedanken & Vorstellungen anderer besetzen lassen, einzelner, um genau zu sein, das war mir lieber, als die herrschenden

Ideologien & Tageslosungen wiederzukäuen – ich bin doch kein Radio oder Informationsblatt, das sich freiwillig verteilt, ob das besser ist, kann ich nicht sagen, denn es hat mich beim Funktionieren nicht gestört, ich war ein tadelloser, ja mehr als tadelloser Disponent, das Denken hat keine Auswirkungen auf mein Leben gehabt, wenn man das ein Leben nennen will, das Scheitern habe ich mir erspart, so gut es ging – nur einmal nicht, doch will ich jetzt nicht davon sprechen, lieber will ich dem Aumeier in mir antworten, das Theater betreffend, das *natürlich* ein Leidensort für mich war, weil sich meine Ansprüche & Ideale im Alltag nicht erfüllten,

    diese Kindervorstellung & der Wunderglaube, das Theater sei ein Ort für Höheres, ein Ort der Magie & Verzauberung, an dem die Verwandlung auf die eine oder andere Art noch möglich ist – wer solche Vorstellungen im Kopf hat, muß sie schmerzlich revidieren, sobald er am Theater angekommen ist, doch ist das leichter gesagt als getan, die Theaterliebe, der Glaube ans Theater ist durch keine Lächerlichkeit auszutreiben, man ist & bleibt ein Theaternarr, denn wer einmal erlebt hat, was Theater sein kann … – und das ist das eigentliche Wunder, denke ich: ein gutes Stück, eine gute Aufführung, das ist das Wunder, das gesucht & immer wieder aufs neue versucht wird & nicht alle Tage erreicht werden kann, das ist die Norm: von tausend Aufführungen vielleicht eine, die gelungen ist, das ist bei den Büchern nicht anders, bei der Musik, in der Kunst, das ist die Norm – ich weiß nicht, ob es jemals anders gewesen ist, die Enttäuschung ist die Norm, das Mindere & Mittelmäßige, wie sollte es auch anders sein, das Theater ist ein Ort der erbärmlichsten Selbstdurchsetzungsrituale, der von Eitelkeiten & niedrigsten Instinkten dominiert wird, die furchtbarsten Anmaßungsmenschen & Selbstinszenierer finden sich dort ein,

und wer den Betrieb kennt, wer das Haus kennt, der weiß, daß es eigentlich unmöglich ist, daß unter solchen Voraussetzungen überhaupt etwas gelingen kann, wenn etwas funktioniert, ist man schon zufrieden – und das war ja im Grunde meine Zuständigkeit, für das Gelingen ist jedoch niemand zuständig, ein gelungener Theaterabend ist immer *gegen* den Betrieb errungen, gegen die Schauspieler & den Regisseur, gegen den Direktor & das Publikum, niemand hat ihn gemacht, keiner könnte ihn wiederholen, es ist ein Glück & wie jedes große Glück unverdient, der Rest ist Arbeit, Abrieb, Verschleiß, ein sich Mühen & Ableben am Verdorbenen, Notwendigen, Alltäglichen,

und sosehr ich den Dichter Aumeier auch schätze, so weiß ich doch aus zahlreichen Gesprächen mit ihm, daß er diese Erfahrung, was Theater *auch* sein kann, nie gemacht hat, würde er seine eigenen Worte, „daß die Kirche voller Menschen ist, die an Gott glauben, weil sie seine Gegenwart nie erfahren haben", auf sich selbst & seine Ansichten vom Theater anwenden, hätte er zugeben müssen, daß ihm diese Erfahrung fehlt – und über Erfahrung läßt sich nicht diskutieren, man hat sie oder hat sie nicht, und ich habe diese Erfahrung, „was Theater sein kann", gemacht, keine zwanzig war ich, als ich in einer Scheune am Land Justus Neumann mit dem Monolog „Hamlet & so" gesehen habe, das war meine Initiation, und wie viele, die sich einmal mit dem Theatervirus angesteckt haben, bin ich später im Siechenhaus gelandet, in der Anstalt, im Theateralltag & Betrieb,

das „Wunder" jedoch, das mir mit zwanzig widerfuhr, habe ich seither nur noch zweimal erlebt, alles übrige war Reprise, Astronautennahrung, Studentenfutter, was man zunächst natürlich nicht glauben & wahrhaben will, trotz der Tristesse der Verhältnisse redet man sich ein, dem gelungenen Theaterabend zuzuarbeiten, ihn vorzubereiten, mitzuhelfen, *so etwas* in die Welt zu bringen, ja, ich glaube, man kann aus der eigenen Erfahrung heraus gar nicht anders, ich jedenfalls sah da für mich keine Wahl, für die Musik, an der ich mich seit der Volksschulzeit versucht hatte – mein Vater war Musiklehrer –, mangelte es mir an Talent, ich spielte Flöte wie andere in diesen Jahren Fußball, nie war ich durch mein eigenes Spiel dem auch nur nahegekommen, was ich mir in der Musik erhörte, das war Heimat, ein Zuhause, das mir nicht genommen werden konnte: Händel, Bach, Vivaldi, Telemann, Devienne, Quantz, Corelli ..., doch würde ich in der Musik immer ein Liebhaber bleiben, auch in der Literatur, in der ich mich nie versuchte, das zumindest habe ich mir erspart,

doch natürlich, wie sich nach einigen Jahren zeigte, war es unmöglich, den gelungenen Theaterabend, nach dem meine Sehnsucht ging, in die Welt zu bringen mit diesem Theaterpack, diesem

Geschmeiß an exhibitionistischen Neurotikern & selbstverliebten Tölpeln – zum anderen: das Geglückte, den Zauber & die Magie, das wird sich immer irgendwo ereignen, solange es Schauspieler & Possenreißer & Menschen *die spielen* gibt, dazu braucht es keine Theater, auch das hat mich später die Erfahrung gelehrt, es braucht nur die Bühne, & die kann überall stehen,

dem Theatervirus, mit dem ich infiziert bin, der Theatersucht, an deren Entzugserscheinungen ich leide & am schlimmsten während meiner Zeit am Theater gelitten habe, liegt die Erfahrung einer erfüllten & völlig verwandelten Gegenwart zugrunde, einem in der Welt sein, das es *so* nicht gibt,

und wer das einmal erfahren durfte, ist danach nicht mehr derselbe, das ist keine Übertreibung & keine Schwärmerei, wer das denkt, hat es nie erlebt, doch wer es erlebt hat, weiß, wovon ich spreche, ich möchte nicht behaupten, daß es etwas Höheres ist, jedoch etwas *anderes*, ein Geschmack, ein Geruch, den man nicht mehr vergißt, und sagte nicht Thomas von Aquin, daß jedes Glück & jede Freude, die uns hier auf Erden widerfahren, ein Vorgeschmack auf die ewige Seligkeit sei, die uns erwartet ... – das trifft es gut, denke ich, überirdisch ist es in jedem Fall, ein Schmerz & eine Erleichterung,

schon ein solches Glück *zu wollen*, ist Vermessenheit, doch sich einzubilden, man könne ans Theater gehen, um es zu befördern, ist schlicht Dummheit, eine Verkennung seiner selbst & dem Glück, das man erlebt hat, die nicht folgenlos bleiben kann, deshalb finde ich es durchaus in der Ordnung – auch wenn mir diese Ordnung im letzten nicht einsichtig ist –, daß ich nach den Jahrzehnten in der sogenannten Anstalt in einer tatsächlichen Anstalt gelandet bin,

und es ist geradezu ein Irrsinn, daß der *große Blabla* meint, mich heilen oder zu meiner Heilung beitragen zu können, indem er mich für seine Angestellten die Dienstpläne schreiben läßt – eine Aufgabe, die ich nur angenommen habe, weil ich damit spekulierte, dadurch Schwester Ankes morgendlicher Heimsuchung zu entgehen, doch das stand, wie ich zu meiner Verwunderung feststellte, gar nicht zur Disposition, denn Schwester Anke scheint eine Art Sonderstellung zu besitzen, sie ist in den Personallisten, die mir übergeben wurden, nicht angeführt, sodaß ich schon den Verdacht hegte, sie sei vielleicht eine Patientin, die mir nur etwas *vorspielt*,

gut möglich auch, daß ich wirklich an einer Geisteskrankheit leide & sie nur herbeihalluziniere, doch der Plastikbecher mit den Pillen ist echt, ich glaube, ich habe ihn auch bei anderen Patienten gesehen, und sonst hat noch niemand versucht, mir Tabletten aufzudrängen, und was wäre eine Anstalt wie diese ohne Medikamente, denke ich mir, deshalb habe ich zum *großen Blabla* auch nichts gesagt,

|: heute am 17. März wie an jedem Tag :| werde ich Schwester Anke bei unserer vormittäglichen Sitzung – „Ein Gespräch ist es, Herr Muschg, nur ein Gespräch" – unerwähnt lassen & das Wort „Anstalt" vermeiden, ich weiß, daß der *große Blabla* nur auf eine Gelegenheit wartet, mich zu korrigieren & das Wort „Sanatorium" auszusprechen, das Sana auf dem ersten a betonend, er lauert richtiggehend darauf, vielleicht weil er weiß, daß er mich damit reizen kann, ich denke, er will mich doch nur öffnen, will, daß ich mich ihm *zeige*, alle Therapeuten wollen das, damit sie ihre Behandlung mit einem machen können, während sie selbst verschlossen & uneinsehbar bleiben, darauf

sind sie trainiert, das ist das Spiel, denke ich, während der *große Blabla* seine Fallen auslegt, Widerhaken in dem Gefasel, Köderworte, so ein Theaterpsychologe, denke ich mir, man sollte ihm applaudieren,

doch das Geplapper ist nur Ablenkung, läßt man sich provozieren, öffnet man sich, schon ein Riß, ein kleiner Spalt genügt, & ehe man sich versieht, steckt er schon Hals über Kopf in den Eingeweiden & zieht sich meine Seele über wie einen Socken ...,

schon möglich, daß so eine Ausräumung heilsam ist & die Empfindungslosigkeit eine Gnade, eine Erleichterung, wenn man abstirbt & bei lebendigem Leib verfault wie ein Leprakranker, so stelle ich mir das vor, wenn die Seelenlosigkeit sich in einem ausbreitet, aber Hauptsache, man spürt es nicht, & für die anderen hat man ja noch die Gefühligkeit & das Getue, die sickern nach & nach in den entseelten Körper, die Gefühligkeit & das Getue sind ja nur gedacht, denke ich mir, und: Es ist das Ausgedachte, das, sind wir einmal seelisch ausgeräumt, nach & nach von uns Besitz ergreift, die ausgedachten Arme, das ausgedachte Gesicht & das ausgedachte Geschlecht, der ganze Organismus wird in Ermangelung eines

Empfindens mit Gefühligkeitsgedanken angereichert, die Leblosigkeit mit ausgedachten Bewegungen kaschiert, jedes Achselzucken wird zur Geste, jedes Lachen ist nachgemacht & einstudiert, das wirkt auf der Bühne oft noch echter als im Leben, wenn ich an die Anna Kerf denke, die *Starschauspielerin*, die meinen Freund Münther zugrunde gerichtet hat, die „erste Schauspielerin von Wien" soll sie gewesen sein – mein Gott, das ist jetzt auch schon lange her, wer weiß, wo sie gelandet ist, auch Münther habe ich seit Aumeiers Tod nicht mehr gesehen, schade, denke ich mir, es würde mich beruhigen, wenn er wüßte, wo ich bin, wenn *irgend jemand* wüßte, daß ich hier bin, diese Beziehungslosigkeit macht mich noch verrückt, wenn mir der *große Blabla* dazu etwas sagen könnte, wäre er mir hilfreich, aber er verschweigt sich ganz in dieser Hinsicht, hüllt sich in seine Beutesocken wie in eine Decke & schaut mich mit großen Eulenaugen neugierig an: „So weit, Herr Muschg, sind wir noch nicht", dann will er wissen, woran ich mich erinnern kann & was ich denn glaube, warum ich hier im Sanatorium sei, aber ich sage nichts, ich schüttle nur den Kopf, sodaß er nur raten kann, ob ich nichts weiß oder nichts sagen will, aber ich will nicht sagen, was ich nicht sagen kann, ich weiß nicht, wie ich in diese Anstalt & in diesen Tag gekommen bin, weiß nur, daß ich hier aufgewacht bin |: heute am 17. März wie an jedem Tag :|, und kaum öffne ich die Augen, reißt Schwester Anke, die Fröhliche, die Tür auf, stürmt in mein Zimmer und bläst mir mit den Worten „Guten Morgen, Herr Muschg – Ihre Medizin" ihren Pestatem ins Gesicht – das war am ersten Tag sicher nicht anders, auch wenn ich mich an einen *Ersten Tag* nicht erinnern kann, geschweige denn an meine Ankunft & die vorangegangenen Tage & Wochen,

und doch muß es einen *Ersten Tag* gegeben haben, an dem alles neu & einmalig für mich gewesen ist, verwirrend & wie ein böser Traum, in dem ich gefangen war, ein Tag, an dem mir der Tagesablauf noch nicht selbstverständlich & das Personal & die Mitpatienten Fremde waren, *ich muß doch gefragt haben*, denke ich mir, aber ich kann mich nicht daran erinnern, ich habe keinen Anfang & keinen *Ersten Tag* im Kopf, nur, daß ich zu Schwester Anke nichts gesagt habe, scheint mir einsichtig, weil mir ihr Gestank den Mund verschloß |: heute am 17. März wie an jedem Tag :|, ich kann auch nicht sagen, wie ich in diesen furchtbaren Pyjama geraten bin, den Anstaltspyjama, den alle Männer hier tragen, Patientinnen habe ich noch keine gesehen, gerade so, als wäre diese Anstalt nur Männern vorbehalten, aber es gibt, denke ich, doch keine Geistes- oder Nervenkrankheiten, die nur Männern vorbehalten sind, das könnte ich den *großen Blabla* einmal fragen & warum uns richtige Kleidung vorenthalten wird, ich habe vier Pyjamas & zwei Morgenröcke in meinem Kasten, nicht einmal Schuhe besitze ich, nur diese Pantoffeln aus blauem Kunstleder, die alle tragen, das Personal ausgenommen, diese Uniformierung ist mir zuwider, diese Pyjamas & lächerlichen Patientenkittel, die man den Menschen in den Spitälern zumutet, sind Variationen von Leichenhemden, ein Vorgriff, denke ich mir, damit man keine Mühe hat mit dem Ausziehen, wenn die Kur nicht anschlägt & die Heilung nicht gelingt,

der *große Blabla* jedenfalls wird um eine Antwort nicht verlegen sein, Gründe finden sich ja immer, hygienischer oder praktischer Natur, um den Menschen ihre Entwürdigung zu plausibilisieren, denn so ein Aufzug ist entwürdigender, als wenn man uns nackt herumlaufen ließe, warum man uns überhaupt Kleidung geben muß, ist mir ein Rätsel, ich habe Anzüge & Hemden & Hosen & Schuhe zuhauf, ich bin der Anstaltsalmosen nicht bedürftig & mir im übrigen keiner Krankheit bewußt – meine Theaterkrankheit ausgenommen –, die meine Verbringung an diesen Ort rechtfertigen könnte, vielleicht habe ich mir etwas zuschulden kommen lassen, vielleicht bin ich entführt oder verwechselt worden – ja, das würde dem *großen Blabla* in seiner feinen Strickweste & den moosgrünen Socken gefallen, wenn ich ihm solche Fragen stellte, dann wäre meine Verbringung mit einem Schlag gerechtfertigt, dann müßte ich ihm sein Gefasel glauben, wenn er von Heilung & Wiederherstellung spricht, von Genesung & Gesundheit – und dann auch noch im Geistigen,

nein, abgesehen davon, daß ich überzeugt bin, daß der *große Blabla* nur meine Unterwerfung & nichts anderes im Sinn hat, glaube ich nicht, daß so etwas wie ein geistig gesunder Mensch in unseren Breitengraden & Zeitzonen existiert, das ist nur ein weiterer Köder, denke ich mir, ein weiterer Stachel, den der *große Blabla* in mich hineintreibt, das ist gelernt & Teil des Abcdariums der Schwarzkunst, die er an mir erprobt, denn – und das muß er wissen –, auch wenn heute die Existenz eines „geistig gesunden" Menschen in unserer Gesellschaft unmöglich geworden ist, so will man den Glauben & die Hoffnung nicht aufgeben, daß man vielleicht selbst einmal so ein geistig gesunder Mensch gewesen ist & seelisch „heil", obwohl – oder gerade weil – die geistige Zerrüttung & das *Gebrochensein im Innersten* unser tägliches Brot sind,

wir sind doch immer nur im Widerstand & im Dialog mit diesem Gebrochensein geworden, was & wer wir sind, diesem Gebrochensein, an dem wir verzweifeln oder vor dem wir kapitulieren oder das wir annehmen, als eine Gegebenheit in uns, auch als eine Grenze und ein Begrenztsein, das *von allem Anfang* gegen die Anmaßung gesetzt ist & das wir nicht loswerden |: heute am 17. März wie an jedem Tag :|, ich denke, das war nie anders, nur daß wir heute dieses Gebrochensein schwerer ertragen, die Unvollkommenheit, wenn man so will, die Begrenztheit sowieso, denn wer will schon endlich sein, die Anmaßung ist heute verordnet, sie wird gelernt & eingeübt & ist uns zur Norm geworden, das ist auch ein Fortschritt, sage ich mir, wenngleich nicht der, den man uns versprochen hat, dafür hat sich unsere Halbwertszeit, um es optimistisch auszudrücken, verdoppelt, wir sind mit Konservierungsmitteln derart verseucht, daß wir in unseren Gräbern nicht mehr verrotten, & derart mit Schwermetallen angereichert, daß wir problemlos als Antennen oder menschliche Handymasten fungieren könnten, als *Gerät* in jedem Fall,

denn daß wir heute *Gerätschaften* sind, daran kann kein Zweifel bestehen, vielleicht werden deshalb die Apparate immer kleiner & handlicher, weil wir selbst mehr & mehr zum Gerät werden, der Geräteanteil in & an uns nimmt zu, während die Apparate nur noch Kontrollfunktionen ausüben, Steuerungselemente & Fernbedienungen für das Menschengerät, zu dem wir geworden sind, da können wir auch in Pyjamas, die wir nicht gekauft haben, & in Jogginganzügen durch die Gegend springen, das Design spielt keine Rolle, das Menschengerät soll ja nur funktionieren & nicht gekauft werden,

und natürlich, um auf den „gesunden Menschen" zurückzukommen, beruht diese *Gerätwerdung* auf der Schädigung, doch kann die Schädigung kein

Ziel sein, was auch daran zu merken ist, daß man versucht, sie „im Rahmen" zu halten, daß die Grenzwerte nur „graduell" erhöht, die Schadstoffe von Jahr zu Jahr variiert werden, von Generation zu Generation tritt uns die Schädigung in anderer Gestalt entgegen und kein Mensch kann sagen, was das in seiner Gesamtheit mit uns macht, die Verstrahlungen & Vergiftungen & Idiotologien, im Geistigen wie im Körperlichen, kein Mensch kann die Folgen dieser Veränderungen in ihren Gesamtzusammenhängen erfassen oder auch nur erahnen, & das ist, im letzten, der Anmaßung geschuldet, die das *movens* dieser Veränderungen ist & die Aufhebung der Grenzen wie menschlichen Begrenztheiten zum Ziel hat, die Schaffung des Übermenschen, der kein Mensch mehr ist, weil er sich mehr & mehr aus den Zusammenhängen, die ihn zum Menschen machen, genommen hat, deshalb wurde dieser Übermensch, wo er sich *gezeigt* hat, immer nur als *Unmensch* gesichtet,

das sind Aussichten, denke ich mir |: heute am 17. März wie an jedem Tag :|, während ich das Fenster schließe & sich acht Stockwerke unter mir das

Fortschrittselnd in die Prachtstraßen & -plätze der Stadt ausgießt, in allen Graden der Verkommenheit & Abnutzung seinen Werkstätten, Fabriken & Büros zuströmt, während in den Palästen der Auswurf der Hölle thront & aus den Toträumen im Inneren die Schrecken wie Maden in die Taghelle hinauskriechen |: heute am 17. März wie an jedem Tag :|, um das Leblose zu nähren & sich am Lebendigen zu mästen – aber, wie gesagt, so spricht man, & das sagt man nicht, zwei, drei Tage hält mich mein Kühlschrank schon am Leben, wenn der Strom nicht ausfällt,

doch auch |: heute am 17. März wie an jedem Tag :| kommt die Apokalypse nicht, ist das Lebendige nicht vollends aufgezehrt & aus der Welt verschwunden, irgendwo in dem Gewimmel & Gewusel unter mir gibt es noch Reste von Leben, Reservoirs & stille Reserven, Quellen vielleicht, ungenutzte Ressourcen, das ist bekannt & es ist noch nicht so lange her, daß wir von führenden Politikern als *Rohstoff* bezeichnet werden & von der Industrie als *Humankapital* & damit ganz unverstellt & offiziell zur totalen Vernutzung freigegeben wurden – und keinen hat es gestört, die Sprachpolizisten haben geschwiegen und in den Theatern & in der Literatur & den Medien war man immer noch damit beschäftigt, den Holocaust zu verhindern oder irgendeinen Krieg der Amerikaner zu rechtfertigen, doch sind das Worte, denke ich mir, die nicht zurückgenommen werden können, obgleich ich heute, zwanzig Jahre später, besser als damals verstehe, warum es den meisten „kein Thema" war: weil sie Realisten sind, weil hier ein Denken & ein Bild vom Menschen artikuliert wird, das nicht mehr in Frage gestellt wird & uns „selbstverständlich" geworden ist,

denn darüber herrscht Konsens bei den Realisten, daß die Verregelung & Ausbeutung unabdingbar sind, damit „das System" funktioniert |: heute am 17. März wie an jedem Tag :|, mir ist das aber keine Selbstverständlichkeit, im Gegenteil, mir waren diese Selbstverständlichkeiten stets unheimlich, das Denken & Handeln der Realisten baut auf solchen Selbstverständlichkeiten auf, die eigentlich nur Unbedachtheiten sind, das Denken, sage ich mir, beginnt dort, wo das Selbstverständliche endet – und ich sage mir das, obwohl ich kein Denker, sondern eher ein Nachdenker bin, aber es gibt noch Zugänge in diese Welt, die uns *zeigen*, daß das Selbstverständliche nicht selbstverständlich ist, Bücher & Menschen, denen wir begegnen & die im Öffentlichen keinen Wert & kein Gewicht besitzen, Musiken & Wirklichkeiten, denen der Realist, wo er sie nicht verschweigen & verhindern kann, lieber aus dem Weg geht, obschon hier von einem Weg nicht die Rede sein kann, denn der Realist bewegt sich nur noch auf Autobahnen, ja, er ist selbst zur Autobahn geworden, die Worte tropfen ihm wie Teer aus dem Maul, Gedanken wie Stahlbeton, seine Strategien Hirngerüste,

doch was soll noch kommen, worauf wartet die Welt, frage ich mich |: heute am 17. März wie an jedem Tag :|, es dauert schon lange genug, aber ich weiß die Antwort, natürlich weiß ich die Antwort, sonst könnte ich mir solche Fragen gar nicht stellen, von denen doch heute niemand verschont bleibt,

und vielleicht ist das mit ein Grund, daß ich in diese Anstalt verbracht wurde, meine Fassung oder Grundverfassung, denn im Grunde weiß ich & habe immer gewußt, auch wenn ich es nicht artikulieren konnte, schon damals als Kind, wenn die Ängstigung, die uns gefügig macht, in mir Platz griff &

die Implantate ihre Wirkung entfalteten, daß diese Welt schon vor langer Zeit *zu Grunde* gegangen ist & mit ihr die Schrecken, die mich |: heute am 17. März wie an jedem Tag :| ängstigen, & daß es nur die Angst ist, die mich – & alle anderen – an diese untergegangene Welt bindet & sie mir gegenwärtig macht, daß es *im Grunde* ich bin, der diese untergegangene Welt für mich & die anderen zur Gegenwart macht, mein Glaube, meine Angst & meine Lebenskraft, & daß, was immer sich hier vorbereitet, woanders schon geschehen ist, es muß sich nur *zeigen*, denke ich mir, das ist der einzige Schrecken, der uns erwartet, die Katastrophe, um die wir in unseren Ängsten *vorauswissen*, die Katastrophe, die nur in unseren Ängsten Gegenwart hat & nur als Angstbild in dieser Welt erscheinen kann,

nein, der Zug ist lange abgefahren & mit ihm die Katastrophen, & wir sind zurückgeblieben, schon lange ist das so, die Seele, verwesungslos, trägt das Leblose nicht, wen glaubt ihr zu täuschen, ihr kleinen Idioten, ein Kind vielleicht, das ihr zum Lachen bringt, einen Kindskopf, den ihr zum Staunen verführt oder ihm, sozial, die Betroffenheitsmaske um die Ohren rührt, das nützt doch nichts, all das Menschenmaterial, das ihr täglich für eure *Weltanschauung* verbraucht,

|: heute am 17. März wie an jedem Tag :| sehe ich die Vorratsopfer durch die Straßen und Kulissen der Weltbühnen irren, tot, aber modisch, zur Unfähigkeit verschworen, technische Tiere, die über den Fortschritt des Ungelebten triumphieren, all den technischen Plunder, der uns den Untergang aus den Augen nimmt, Spielzeug, das uns beschäftigt, nein, auch wenn |: heute am 17. März wie an jedem Tag :| die Welt untergeht, werdet ihr davon nichts bemerken, weil ihr *beschäftigt* seid & dazu gezwungen, die *Wahnwelt*, die euch verbraucht, zu befestigen,

wobei ich dem einzelnen keinen Vorwurf mache, denn wer bin ich & was weiß ich schon von so einem Einzelleben, was weiß ich von der Stationsschwester, ausgenommen, daß sie Anke heißt oder so gerufen wird, ein fröhlicher Mensch sein will & an der Zahnfäule laboriert – tapfer, ja, aber was weiß ich von ihrem Leben, ihrem Herkommen, den Bildern & Geschichten in ihrem Kopf, was weiß ich von ihren Verhältnissen, was weiß ich vom einzelnen, aber das frage ich mich gar nicht, denn das ist normal, ja, das ist das Normalste & Selbstverständlichste, daß man vom anderen *nichts* weiß, wie man sich selbst auch nur eine Vermutung ist, ein Verdacht, der sich erhärten oder in Luft auflösen kann, von einem Augenblick zum nächsten,

was weiß man schon, wer man ist, wenn man in die Verlegenheit kommt, sich *zu zeigen*, die meiste Zeit verbirgt man sich doch mit der größten Aufrichtigkeit vor den anderen & sich selbst, deshalb lohnt es nicht, nach der Wahrheit zu fragen, nach dem *wahren* Selbst, das ist die allergrößte Unaufrichtigkeit, dann legt man den Kopf schief und sagt: „Wer bin ich eigentlich …" & nichts ist verlogener als dieses „eigentlich", denn wer man ist, das kann man sich nicht erfragen & nicht ausdenken, sondern, wie gesagt, es kann sich nur *zeigen*,

und was immer wir auch sind, eine *Wahrheit* sind wir in keinem Fall |: heute am 17. März wie an jedem Tag :|, das wäre ja noch schöner, so erbärmlich kann eine Wahrheit gar nicht sein, wir machen ja schon als Tatsachen eine komische Figur – wobei ich mich frage, was ist das überhaupt, eine Tatsache & welcher Idiotologie ist der Begriff der „vollendeten Tatsache" entsprungen, wenn es etwa heißt: „Wir-ich-er-oder-sie stehen vor vollendeten Tatsachen" –, ich habe noch nie vor einer vollendeten Tatsache gestanden, das sind doch immer nur Vorläufigkeiten, und ich denke, daß wir im Grunde auch nur eine Vorläufigkeit sind,

und weil wir das nicht ertragen, haben wir uns an die Tatsachen fortgegeben, an den Beweis & die aus wiederholbaren Experimenten formulierten Gesetze & Erkenntnisse, die uns heute als Wahrheiten gelten & die wir, weil es der Fortschritt so will, alle paar Jahre widerlegen, mit neuen Beweisen & wieder neuen Erkenntnissen, woraus wir im Rückblick dann schlußfolgern, daß auch die Wahrheit nur vorläufig oder, wie es heißt, *relativ* sei, ja, daß es im Grunde gar keine Wahrheit gibt,

und haben wir das einmal festgestellt, sind wir dem Elend unserer Vorläufigkeit enthoben, so oder so ähnlich wird in den Idiotologien gedacht, in den Akademien & Denkschulen der Verkehrung, Staubphantasien sind das, veraschte Gedanken – das Denken & das Geistige sind ja nicht synonym, da kann es auch ein geistloses Denken geben, die Denkfunktion, der man sich ausliefert, das hat nichts mit Vernunft oder Verstand zu tun, mit Einsicht oder

Wissen, soviel zumindest ist mir gewiß, auch wenn ich selbst kein Denker bin, nur ein Disponent & vielleicht gerade deshalb,

weil mir dieses Denken vertraut ist, weil ich Tag für Tag & Jahr für Jahr in die Ausübung dieser Denkfunktion gezwungen war, in die Organisation, das Planen & Verrechnen, weil ich eben kein Theaternarr, sondern dafür zuständig war, daß alles funktionierte, deshalb weiß ich auch, was ein Leben & ein Erleben ist & was keines, ich denke, jeder weiß das, der sich heute sein Geld mit einem Beruf verdient & dazu gezwungen ist, sich am Ungelebten abzuarbeiten, jeder kennt die Sehnsucht nach dem Leben, das er nicht hat, nicht im Sinne einer Erlösungs- & Paradiesvorstellung, sondern einer Selbstverständlichkeit, die uns zusteht, ein Leben & Lebendigsein, dem wir angehören,

wobei es doch seltsam ist, wie mir jetzt auffällt, daß wir dieses Leben & Lebendigsein meist in die Kindheit hineindenken, was womöglich gar nichts mit der Kindheit zu tun haben muß, mehr noch mit dem *Kindsein*, denn wie schrecklich unsere Kindheit auch immer gewesen ist, gemessen an unserem

Erwachsenendasein war sie doch relativ unvernutzt & unverregelt, daß sie nicht frei war – und kein Kind ist frei –, daß die Verregelung von Staats wegen uns schon im Griff hatte, in der Schule & auch schon im Kindergarten, ändert wenig daran, denn wir waren wie unsere Eltern in diese Erziehungsmaßnahmen gezwungen & das *Kindsein* war in uns noch so lebendig, daß wir die Verregelung & Vernutzung nicht verinnerlicht hatten, wir waren, wenn man so will, noch mit anarchem Grundwasser – das ist besseres Weihwasser – angereichert, ehe wir durch die anhaltende Kanalisierung & Drainagierung zu erwachsenen Funktionseinheiten herangebildet wurden, deshalb, denke ich, geht unsere Sehnsucht nach einem Leben, das uns selbstverständlich angehört, in die Kindheit zurück,

dann ist es das *Kindsein*, das verunmöglicht ist, an dem wir leiden, hier & jetzt |: heute am 17. März wie an jedem Tag :|, und damit will ich nicht der *Verkindlichung* das Wort reden, die manche esoterisch verätzten Schwurbelköpfe herbeiphantasieren, die Baumstämme umarmen & mit Koi-Karpfen in Gartenteichen kommunizieren, sondern ich meine dieses anarche Grundwasser, das man gemeinhin

Leben nennt & das uns auch die Verwandlung ermöglicht, durch die wir uns als andere erfahren, nicht als Tatsachen und Feststellungen, die Tatsache „Muschg" etwa, die sich ein Leben zusammenredet |: heute am 17. März wie an jedem Tag :|, das es so nie gegeben hat ...

II

was ich gewesen bin & mir erlebt habe, ist eine Geschichte, die ich mir & den anderen erzähle, Schnappschüsse, Momentaufnahmen, Stilleben, Episoden, Gehörtes & Eingebildetes, das sich zur Lebensgeschichte verdichtet, ein biographischer Schatten, ein Gespenstermuschg, der, unabhängig von mir, ein Eigenleben führt, sich im Wiedererzählen & Nacherzählen verändert, sodaß es eigentlich er ist, der mir meine Lebensgeschichte erzählt, ein Leben & Selbstsein, das ich mir glaube & glauben will, weil ich im Grunde nicht mehr weiß, wie es „wirklich" gewesen ist, weil ja, wie gesagt, nur das Erleben wirklich ist, nicht das Reden darüber, das Nachreden & Nachdenken, das sich verselbständigt wie ein Gerücht, was in Ordnung ist, denke ich mir |: heute am 17. März wie an jedem Tag :|, solange es sich bei dieser Geschichte um eine Erzählung handelt, der man glauben schenken kann oder nicht, wo jedoch das Faktische überwiegt, zur Beweislast wird, die mich in meinem Vorhandensein als Tatsache bestätigt, wenn etwa kein Unterschied mehr zwischen Baujahr & Geburtsjahr besteht, wird mir die Geschichte, auch meine eigene, gleichgültig, ja unglaubwürdig,

wird der biographische Schatten, der sich aus meinen Lebensresten nährt, zum Datenkörper, der mehr den anderen als mir selbst gehört, ein Atzmann oder eine Rachepuppe, die mich verfügbar & berechenbar macht, heute könnte man es vielleicht den digitalen Doppelgänger nennen, der in allerlei Datenbanken & Statistiken sein Unwesen treibt, ich will mich nicht mit ihm verwechseln, das sind Spiegelungen & Chimären in zeitlosen Räumen, Hades' Werkstatt, dort wird das Leben zur Strecke, die Zeit zur Linie, eine Abfolge von Zahlen, doch Zeit, wie ich sie verstehe, ist immer gewebt, und diesem Weben ist auch der biographische Schatten verpflichtet, der mir ein Leben & Herkommen in die Gegenwart flüstert, das ich glauben kann oder nicht, es ist nur *eine* Erzählung und schon morgen wird es vielleicht eine ganz andere sein, deshalb bleibe ich mir eine Vermutung |: heute am 17. März wie an jedem Tag :|, das mag auch dem Theaternarren in mir geschuldet sein, der sich nicht festschreiben will, der *große Blabla* hätte sicher einen Fachterminus dafür ... – und ja, ich habe einen Hang zur Flüchtigkeit, das kann mein biographischer Schatten bestätigen, vor allem soweit es Beziehungen betrifft, aber niemals würde ich mich deshalb oder wegen anderer Neigungen, die ich an mir bemerkt habe, zu der Feststellung „So bin ich eben" verleiten lassen, durch die man sich als eine Selbstverständlichkeit voraussetzt, die man nicht sein kann, aber gerne wäre & sich eine Solidität zudenkt, die man nicht besitzt,

nein, das bißchen Gegenwart, das wir sind, ist nicht mehr als eine Eisscholle, die uns trägt, & das Meer, in dem wir treiben, ist der Abgrund, in den wir unsere Schritte setzen, hoffend, daß uns *etwas* in dieser Leere Halt gibt, auch wenn wir nicht wissen was, das Dasein haben wir ja nicht gemacht, die Leere jedoch ist uns so unerträglich, daß wir sie mit Bildern & Geschichten über uns & die Welt anfüllen, um nicht zu verzweifeln – das Paradies habe ich mir immer so gedacht, als eine riesige Schneekugel, die durch den Weltraum treibt, das All, das Nichts, das „große Gähnen", wie es die Alten nennen, ein Bewußtsein wie ein Kokon, was sollte das Paradies anderes sein, vielleicht sind wir dort den Mühen des täglichen Vorstellens enthoben, des Bildermalens & Fabulierens – denn Bewußtsein ist das noch keines, das Vorstellen, denke ich mir, ist doch eher den Wahrnehmungsstörungen zuzurechnen,

und was wir Realität nennen, das ist doch in erster Linie der andere, wir können uns nicht selbst eine Realität sein, immer finden wir uns in diese Realität gesetzt, ausgesetzt oder hineingesetzt, dem anderen gegenüber, seit wir denken können, ist das so, doch was weiß man schon über den anderen, abgesehen von seiner Vorhandenheit & den Schatten, die er in uns wirft, in der Begegnung, in den Gedanken, die uns in seiner Gegenwart faßbar werden, der veränderten Wahrnehmung & den Gefühlen, auch der Raum, den man sich mit dem anderen teilt, ist verwandelt, die Welt ist eine andere im Moment der Begegnung, egal was man tut, worüber man spricht, ob man sich mag oder nicht leiden kann, eine Welt *zeigt sich*, die vorher nicht da war, die wir alleine nicht sind & nicht sein können & die uns im besten Fall ein Anderssein an uns selbst erschließt, wie wir *auch*, wer wir *noch* sein können – da muß ich mir den anderen, über den ich nichts weiß, nicht vorstellen & zurechtdenken & schauen, ob er in eine meiner Schubladen & Schemata paßt oder sich in mein Begegnungsinventar einfügt, da muß ich mich nur reden & denken & sein lassen & mir in seiner Gegenwart zuhören, der Erzählung, die wir sind,

so gesehen sind wir nie allein |: heute am 17. März wie an jedem Tag :|, wenn wir den Menschen als einzelnen begreifen, begreifen wir uns auch immer ein wenig selbst, denke ich mir, obgleich ich nicht behaupten kann, daß ich durch die Gespräche mit dem *großen Blabla* etwas begriffen hätte, schon möglich, daß mir dadurch etwas entgeht, ein Muschg, den ich noch nicht kenne, doch ich weiß, daß mich der *große Blabla* nur in den Griff bekommen will, er will mir einen Muschg zeigen, der ich nicht sein will – ein verständiges Opfer, das ist es, was er will, daß ich in meine Auslieferung einwillige, & dieses Wollen ist es, das mir die Begegnung verunmöglicht, es reicht ja schon, daß einer Absichten hat &

die Begegnung wird zu einem Kampf auf Leben &
Tod – und wer hätte keine Absichten & Vorstellungen im Kopf, über sich selbst & die Welt,

so eine Bedingungslosigkeit, wie ich sie mir erträume, ist doch eine einzige Unmöglichkeit |: heute am 17. März wie an jedem Tag :|, vielleicht sind wir deshalb nicht mehr als Schatten & Schemen, Halb- & Viertelmenschen und doch geht meine Sehnsucht dorthin, in ein offenes, unverstelltes Miteinander, auch die Genesung denke ich mir dorthin, ein JA & das *Kindsein*, weil im Kindsein unsere Vorstellungen & wir uns als Tatsachen am gleichgültigsten sind, wichtiger ist *das Spiel* – doch wenn der andere nicht *spielen* will, dann wird die Auslieferung zur Unterwerfung, das Offensein zur Schwäche & der Spielende zum Opfer, das der andere verbraucht, um sich zu erhöhen & zu befestigen & zu erhalten in seinen Vorstellungen von der Welt & sich selbst, wie sich auch der *große Blabla* über mich als Medizinmann & Seelsorger erhalten will, damit er sich weiter durch das Schicksal & die Seelen der Menschen fressen kann, die ihm seine Zuständigkeit & Heilsabsichten glauben – nein, er ist ein Räuber & ein Raubtier, denke ich mir |: heute am 17. März wie an jedem Tag :|, und: Ich will gar nicht wissen, wie viele Menschen er auf dem Gewissen hat, die er krank & hilflos geredet & mit seinen Therapien verkrüppelt hat,

ich jedenfalls lasse mir so einen Muschg, wie er ihn gerne hätte, nicht aus dem Leib schneiden, ich wahre Distanz, das ist auch eine Realität, so schön mein Geschwafel von der Begegnung mit anderen auch sein mag, die meisten sind Räuber, Muränen, symbiotisches Gesindel ... – und am schlimmsten, denke ich mir, sind die Opfer, denen man das Spielen abgewöhnt hat, die *wollen*, daß man sich an ihnen vergeht, das ist ein hartes Wort, doch muß man die Welt nicht schönreden, zumal schon jeder in dieser Hinsicht seine Erfahrungen gemacht hat, jeder schon einmal Opfer gewesen ist – in unserer Wertegemeinschaft kann das gar nicht anders sein –,

und wer sich das eingesteht, wird vielleicht auch zugeben, daß die Empörung darüber stets eine Empörung „für die anderen" gewesen ist, denn im Opfersein, von dem ich spreche, erfahren wir eine Zustimmung & Bejahung, die uns noch im nachhinein erschrickt, jener Moment, in dem wir nachgeben, der Widerstand endet & wir in das Opfer- &

Ausgeliefertsein einwilligen wie Schlachtvieh, das sich in das Unabänderliche fügt –

obwohl, von außen betrachtet, nichts an unserer Unterwerfung unabänderlich ist, wir jederzeit aufstehen & gehen könnten, bleiben wir, weil es die Konsequenz einer Entscheidung ist, die wir vor langer Zeit getroffen haben, ein JA, das wir an anderer Stelle gesprochen haben, vielleicht „weil jeder es tut" oder „weil es anders nicht geht", die Begründung spielt keine Rolle & ändert an den Folgen nichts, die Unterwerfung, die uns das System abverlangt, ist stets begründet, was ein Indiz dafür ist, daß sie freiwillig geschieht, denn die Begründung ist das Mittel zur Selbstüberwindung, zur Verneinung des Empfindens & der Scham, der Ruhigstellung der Zweifel – das mag keine unmittelbaren Auswirkungen haben, doch irgendwann kommt die Unterwerfung in die Sichtbarkeit, wird Ereignis, Gegenwart & dann hat unser Neinsagen, das doch im letzten immer gegen uns selbst gerichtet war, ein Ende,

als Opfer sind wir nur Vorgang – und nicht einmal die Tröstung, die den Tätern als Vorwurf & Schuld im Gewissen bleibt, anders oder nicht gehandelt zu haben, ist uns gegeben, denn „Wir haben das nicht gewollt", wie wir uns „vor den anderen" ständig versichern, dann haben wir uns im Opfersein eine Schuldlosigkeit erlebt – oder sie uns zumindest im Nachhinein zugedacht –, die es im Leben nicht gibt – und von der Schuldlosigkeit zur Unschuld ist es, vor allem im eigenen Kopf & „vor den anderen", nur ein kleiner Schritt,

bleibt die Scham, die uns als Überwältigte & Unterworfene anhaftet, die wir uns nicht erklären können und die Zeugnis gegen unsere Unschuld ablegt,

doch, wie gesagt, die Erfahrung der Unterwerfung ist allgemein, man kann das, wenn man will, als Wohlstandsphänomen verbuchen, wir sind in die Unterwerfung gegangen, weil es uns angenehm war, oder besser: angenehmer, & weil wir es uns leisten konnten; die sogenannte Wohlstandsgesellschaft ist eine Opfergesellschaft, & die sogenannten Täter sind die dümmsten Opfer, die man sich denken kann, denn eigentlich sehe ich keinen, wie mächtig er auch sein mag oder wie hoch in der Hierarchie er steht, der kein Opfer wäre & nicht sein Opfersein am anderen auslebt, den er verneint & in die Unterwerfung zwingen will, der Direktor so gut wie der *große Blabla*, denn der *große Blabla* will mich verneinen, und ich wiederum bestehe auf *meine* Verneinung als einzige Möglichkeit, mich der Verneinung durch den anderen zu entziehen,

ich weiß das, denn ich bin, wie jedes Opfer, in der Verneinung geübt, ich habe mich als Disponent in die Unterwerfung gefügt, um eine Existenz zu haben, habe den Theaternarren, der ich war, geopfert & die Verneinung des Theaternarren als Disponent tagaus, tagein gelebt, ein Vollzugsmensch bin ich gewesen & habe *natürlich* die Begegnung & das Offensein, nach dem meine Sehnsucht ging, schon von Berufs wegen ausgeschlossen, ich bin – auch bei großer Nähe, etwa zu den Eleven, die mir ihr Herz ausschütteten – immer zuerst Disponent gewesen & hernach erst „Herr Muschg" & für wenige etwas anderes, am wenigsten für mich selbst, denn ich habe mich nie als einzelnen, sondern immer als Vereinzelten begriffen – ich glaube, Aumeier hat das einmal geschrieben –, und wenn ich jetzt *immer* sage, dann meine ich mich als einzelnen, dann schreibe ich mich fest, nicht als Fakt, sondern als Faktotum, als Theaternarr, der ich bin, ein Hofnarr bei mir selbst, der im Disponentenalltag keinen Platz hat, doch *hier* bin ich kein Disponent, auch wenn der *große Blabla* sich das wünschen mag, und da macht es nichts, daß ich nicht genau weiß, warum ich hier gelandet bin, so eine Närrischheit ist auch ein Mantel, der schützt, das ist der kaleidoskopische Blick auf mich, den *ich* mir leiste, das Muschgmöbel ist „für die anderen", denke ich mir, die Muschgrealität, an der sich der *große Blabla* von mir aus abarbeiten kann, *hier*, wo immer das sein mag, bin ich kein Disponent, auch nicht, wenn ich |: heute am 17. März wie an jedem Tag :| im „ehemaligen" Kopierraum sitze, den mir der *große Blabla* so großzügig zugewiesen hat, damit ich ihm seine Dienstpläne schreibe, eine Abstellkammer, wo sich der ehemalige Disponent im Organisieren & also in der Verneinung seiner selbst üben kann, wo der Theaternarr, der ich bin, keinen *Spielraum* hat, also werde ich auch |: heute am 17. März wie an jedem Tag :| pünktlich um sechzehn Uhr im Büro des *großen Blabla* erscheinen, um die für meine Verdrängungsgymnastik notwendigen Unterlagen in Empfang zu nehmen – eine sandfarbene Flügelmappe, welche die Personal- & Patientenlisten, & einen Aktenordner, welcher die Vordrucke für die Dienstpläne als Loseblattsammlung enthält –, zusätzlich zwei Etuis mit Montblanc-Kugelschreibern & ein Fläschchen weißer Korrekturflüssigkeit, das ich in der Jackentasche meines Pyjamas verstaue, & zu guter Letzt bekomme ich einen handbeschriebenen Zettel überreicht, der mich über die aktuellen Krankenstände & den Einsatz einzelner Pfleger & Schwestern für bestimmte Patienten informiert,

jedoch vermute ich das nur, denn es werden niemals die Namen der Patienten angeführt, sondern nur die jeweiligen Zimmernummern, wobei auch dies nur eine Vermutung von mir ist, denn es gibt, wie mir jetzt auffällt, keinen Hinweis darauf, daß die Zahlen für Zimmernummern stehen, strenggenommen ordne ich nur Namen Zahlen zu & vielleicht sind, was ich für Personallisten halte, eigentlich Patientenlisten, und die Zahlen stehen für das Personal, jedenfalls Namen & Zahlen, die ich in ein Verhältnis zu bringen habe, achtzehn Namen & zweiunddreißig Zahlen, um genau zu sein, jeder Zahl sind zwölf Einheiten zugewiesen, die, wie ich vermute, für Stunden stehen, den Namen wiederum sind unterschiedliche Einheiten angehängt, zwei, vier bis maximal acht, die ich beliebig kombinieren, auch verdoppeln kann, um damit die jeweils zwölf Einheiten bei den Zahlen abzudecken, wobei ich unmittelbar aufeinanderfolgende Verdopplungen zu vermeiden suche, zwei „Johannsen6" etwa oder drei „Karp4", mit denen ich eine ganze Zwölfer-Einheit abdecken könnte, das, denke ich, ist nicht der Sinn der Übung, & ich würde mich unter Wert verkaufen, wenn ich es mir so einfach machte, also versuche ich eine Aufteilung, die möglichst gerecht ist & die Namen gleichmäßig den Zahlen zuordnet, wobei ich jedesmal von vorne beginnen muß, denn die alten Dienstpläne sind in der Mappe nicht enthalten, ich glaube auch, daß die Namen sich ändern, jedoch kann ich das ohne die alten Listen nicht überprüfen,

der handgeschriebene Zettel mit den Änderungen bezieht sich auf den jeweiligen Dienstplan, da kann es auch vorkommen, daß die Zahlen, die ich für Zimmer halte, doppelt besetzt werden müssen – dann ist der Zahl eine hochgestellte Zwei angefügt – oder daß gewisse Zuordnungen zwingend sind, manchen Namen wiederum ist ein Minus vorangestellt, das heißt, daß sie für die Zuordnung diesmal ausfallen, doch sind das nur zwei Beispiele, es gibt die unterschiedlichsten Anweisungen & Kürzel, die ich problemlos verstehe, ich weiß, was zu tun ist, obgleich ich mich nicht daran erinnern kann, daß der *große Blabla* oder jemand anders es mir erklärt hätte, das gehört zu den Amnesien, die, wie ich hoffe, sich eines Tages klären werden, *hier*, wie gesagt, stört mich mein Nichtwissen nicht,

so wird auch |: heute am 17. März wie an jedem Tag :| das Muschgmöbel gegen sechzehn Uhr zehn, aus dem Büro des *großen Blabla* kommend, den Aufenthaltsraum queren & für zwei Stunden im ehemaligen Kopierraum verschwinden, der eigentlich ein Abstellraum ist, eine Besenkammer, die günstigerweise gleich neben meinem Zimmer liegt, dort steht nur das Ungetüm von Kopierapparat, das offensichtlich schon lange nicht mehr in Betrieb war, &, an die Wand gedrückt, ein schmaler Holztisch & davor ein Stuhl, auf den sich das Muschgmöbel setzt, nachdem es beim Eintreten Licht gemacht & die Tür hinter sich geschlossen hat, |: heute am 17. März wie an jedem Tag :| füllt es die grünlinierten Vordrucke aus, Zeile für Zeile zwischen den beiden Kugelschreibern alternierend, rot & blau, jeden Namen setzt es zuerst mit der kleinsten Einheit ein, das macht achtundsechzig Zahleneinheiten von insgesamt dreihundertsechsundneunzig, ein Zimmer muß doppelt besetzt werden, zwei Namen fallen laut Handzettel aus, die anderen Vorgaben können vorläufig vernachlässigt werden, das Muschgmöbel wiederholt den Vorgang, es schreibt bedächtig & in Blockbuchstaben, die Korrekturflüssigkeit wird es nicht brauchen, es hat das Fläschchen erst gar nicht aus der Jackentasche genommen,

|: heute am 17. März wie an jedem Tag :| wird das Muschgmöbel gegen achtzehn Uhr, wenn es seine Arbeit beendet hat, aus dem ehemaligen Kopierraum kommen, den Aufenthaltsraum queren & im Büro des *großen Blabla* verschwinden, der, nach Überprüfung der ausgefüllten Dienstpläne,

seine „Akkuratesse" loben – Gott weiß, in welcher Restwelt er sich dieses Wort angelernt hat – & das Muschgmöbel in den Abend entlassen wird,

das ist die Routine, immer ist es *ein* Tag, den ich durchlaufe, der Tag beginnt mit Schwester Anke & endet, wenn ich alleine im Bett liege, in meinem Abendpyjama, dazwischen der immergleiche Traum, aus dem ich kurz nach Mitternacht erwache, dann wieder nichts, dann Schwester Anke, die Morgenroutine, die Vormittagsroutine, die Gespräche, der Kopierraum, das Abendmahl, der Abendpyjama, ein Stationendrama, wenn man so will, nur, daß ich kein Schauspieler bin, daß dieses Stück die einzige Wirklichkeit ist, die mir zur Verfügung steht, daß es keinen Zuschauerraum, keine Bühne & keinen Autor gibt, kein Davor & kein Danach |: heute am 17. März wie an jedem Tag :|, ich habe das Bewußtsein eines Abbildes, wie es in Filmen wohnt, immer in demselben Ablauf gefangen, den Kulissen, den Dialogen, der Geschichte, die mein Leben sein soll & die ein anderer geschrieben hat, doch bin ich überzeugt, daß ich meine Situation erst ändern & mir über die Gründe meines Hierseins klar sein werde, wenn es gelingt, die Routine zu brechen, was dem Muschgmöbel |: heute am 17. März wie an jedem Tag :| natürlich unmöglich ist, nicht aber dem Theaternarren, der ich bin & der gestern – ja, ich sage *gestern*, denn zum ersten Mal, seit ich hier bin, gibt es ein Gestern, an das ich mich erinnern kann, einen Bruch in der Routine, der mir die Routine erst sichtbar macht,

wobei ich befürchte, daß auch mein tägliches Fragen nach den Ursachen für meinen Aufenthalt, meine Verwunderung über mein Hiersein & *meine Gedanken* Teil dieser Routine sind, denn diese Gedanken & Empfindungen bleiben folgenlos, sie sind wie Untertitel für Hörgeschädigte in einem Stummfilm …

und ich muß sagen, daß mir diese Vorstellung angst macht, ich kann das nicht kleinreden, es erinnert mir die Angst aus früheren Tagen, nachpubertären Zeiten, so eine Zwielichtigkeit & Ungefestigtkeit, die einem die Grenze sichtbar macht (ist man schon hier oder drüben, sitzt man vor dem Computer oder ist man schon drinnen, schaut man in den Spiegel oder aus dem Spiegel heraus ...), eine Grenze, die nur in *eine* Richtung überschritten werden kann – gut möglich also, daß diese Anstalt kein Ort *für* Geisteskranke, sondern selbst eine Geisteskrankheit ist, in der ich Aufenthalt genommen habe, wobei es von untergeordneter Bedeutung ist, wie lange ich schon hier bin, entscheidend ist die Frage, ob ich hierher verbracht wurde oder ob ich mich selbst in diese Anstalt eingeliefert, besser: ihr ausgeliefert habe, ja, im letzten, ob ich diese Anstalt bin,

ob ich *tatsächlich* geisteskrank bin & diese Anstalt & dieser Tag, dem ich nicht entkomme, eine Ausgeburt meines Wahnsinns sind – das ist es, was mir angst macht, denn dann gäbe es kein Entkommen, jeder Gedanke *gegen* den Wahnsinn wäre nur eine weitere Manifestation des Wahnsinns, jeder Akt der Befreiung, jeder Bruch der Routine würde mich so nur tiefer & tiefer in den Wahnsinn hineinführen,

doch weiß ich keine Alternative, denn nichts zu tun, nachzugeben, mich zu fügen, würde bedeuten, daß ich mich als Tatsache in dieser unmöglichen Situation festschreibe – das ist die Einwilligung, die der *große Blabla* von mir erwartet, die ich ihm & mir selbst verweigere, während ich mich zur

Gelassenheit ermuntere, dem Wahnsinn, der sich mir anbietet, nicht nachgebe, ihn als Möglichkeit auch nicht ablehne und mich an das halte, was mir gewiß erscheint,

etwa die Vermutung, daß ich schon länger in dieser Anstalt sein muß, eine Vermutung, die Teil meiner Morgenroutine ist, eine Routinevermutung, die sich |: heute am 17. März wie an jedem Tag :| beim Blick in den Spiegel einstellt, ein Seitenblick, um genau zu sein, denn |: heute am 17. März wie an jedem Tag :|, wenn ich aus der Duschkabine trete & nach dem Stoß Handtüchern greife, der auf der Ablage liegt, bemerke ich aus den Augenwinkeln eine schemenhafte Bewegung, sodaß ich kurz erschrecke, im Hinsehen jedoch mich selbst als Ursache dieser Bewegung erkenne & zum ersten Mal, wie mir scheint, die Veränderungen an meinem Körper wahrnehme,

denn auch wenn ich nie ein besonders eitler Mensch gewesen bin, hatte ich doch immer eine ungefähre Vorstellung meiner äußeren Erscheinung im Kopf, zumal es Photos gibt, die uns mit unserem Erscheinungsbild über die Jahre vertraut machen, einen jungen Muschg, den ich im Kopf habe, auch einen Kindermuschg & den Disponentenmuschg der letzten Jahre, den „Herrn Muschg", zu dem ich letztlich wurde, der trotz Anfällen von Wanderlust, vor allem im Herbst, in den letzten Jahren doch sehr an Umfang zugenommen hatte, nicht nur am Bauch, auch an den Oberschenkeln & Armen, nicht zu sprechen von den Fettpölsterchen rechts & links des Brustbeins, die ich als besonders unästhetisch empfand,

der „Herr Muschg" zeigte sich nur oberhalb des Halses, im Gesicht, an den ergrauten Bart- & Kopfhaaren & einigen Charakterfalten, der Rest schien einem Erweichungsprozeß unterworfen, einer Verweiblichung, die, wenn ich in die Verlegenheit kam, sie zu bemerken, mir besonders unangenehm war, unangenehmer als jede temporäre Verfettung der letzten Jahrzehnte,

doch all das ist, wie ich *mit einem Blick* feststelle |: heute am 17. März wie an jedem Tag :| von mir abgefallen, zwar ist mein Körper schlaff, untrainiert, doch im großen & ganzen so wie ich ihn vor meiner Erweichung in Erinnerung habe, damals, etwa zu der Zeit, als Aumeier gestorben ist, hatte ich ungefähr achtzig Kilo, danach waren es manchmal, wenn ich mich abwog, über hundert – und zwanzig Kilo verliert man nicht an einem Tag,

vielleicht, denke ich mir, bin ich im Koma gelegen wie damals Anna, der sie das tote Kind herausgeschnitten haben, doch ich finde keine Narben an mir, keine Einstichstellen, nichts, was diesen Verdacht erhärten könnte, der Rückbau des Muschgmöbels bleibt mir so unerklärlich wie mein Aufenthalt in dieser Anstalt – soweit, wie gesagt, die Morgenroutine, das Morgenerschrecken & die Spekulation, die natürlich allesamt folgenlos bleiben,

jetzt aber, wo es plötzlich ein Gestern gibt, kann ich die Routine sehen, in meinem Denken & in meinem Handeln, ich bin ihr nicht mehr blindlings ausgeliefert, das ist, denke ich, ein Fortschritt, & dieser Fortschritt ist dem Theaternarren in mir geschuldet, der gestern, nachdem das Muschgmöbel seine Arbeit beendet hatte & eben den Raum verlassen wollte, plötzlich auf den Kopierapparat zusprang & in einem Anfall von Geschäftigkeit, der sicher auf die anhaltende Langeweile, die ihm das

Muschgmöbel verursacht, zurückzuführen ist, an dem Gerät herumzuhantieren begann, es mehrmals an- & ausschaltete, die Kabelverbindungen überprüfte, auf alle möglichen Knöpfe & Tasten drückte, Abdeckungen hochklappte, Türen aufriß, das Gerät von allen Seiten inspizierte & betastete, bis er in einer der Laden auf einen Packen Kopierpapier stieß, was insofern ungewöhnlich war, da die ganze Station – zumindest so viel ich bisher davon gesehen hatte – völlig papierlos ist,

von den Toiletten einmal abgesehen, gibt es weder Zeitungen noch Bücher, Schreibpapier oder -material, das den Patienten zugänglich ist, & auch der seltsam limitierte Zugang bei der Zuteilung meiner Arbeitsutensilien paßt in dieses Bild – offenbar ist es nicht erwünscht, daß die Patienten schreiben, Briefe, Notizen, Tagebuch, der Schreib- & Papierentzug ist wohl Teil der Therapie, was Sinn macht, wenn ich mir meine Schreiberfahrung ins Gedächtnis rufe,

denn, wie gesagt, ich bin kein Schriftsteller & habe mich noch nie ernsthaft auf diesem Gebiet versucht, jedoch gab es Situationen in meinem Leben, als mir weder die Musik noch die Literatur, noch der Alkohol oder die Frauen ein Trost waren, da hat das

Schreiben geholfen, im Sinne einer Klärung, so wie ich manchmal, in Zeiten großer Bedrängnis, Zuflucht in einem Gebet suchte, auch wenn ich sonst kein religiöser Mensch bin,

Aumeier etwa, der sich stets als „mäßig intelligenten Menschen" bezeichnet hatte, bemerkte einmal, als ich ihm bei dieser Selbsteinschätzung widersprach: „Wenn ich etwas wissen will, schreibe ich", was ich sofort verstand, denn einige werden durchs Reden klug, andere durchs Zuhören, andere durchs Schreiben & einem wie mir, der solcher Fähigkeiten ermangelt, bleiben zumindest die guten Bücher, die es hier auch nicht gibt – nein, offensichtlich ist diese Medizin in der Anstalt nicht erwünscht, vielleicht, weil es das Therapiemonopol des *großen Blabla* untergräbt –,

ein Grund mehr, dachte ich, es zu versuchen, fehlt mir nur noch, jetzt, wo ich Papier gefunden habe, ein Stift- oder Schreibgerät, denn während meiner zwei Arbeitsstunden würde ich nicht zum Schreiben kommen, & ich kann auch nicht die Kugelschreiber einfach herausnehmen & behalten & die leeren Etuis abgeben, der *große Blabla* würde den Unterschied bei der Übergabe am Gewicht merken – das, dachte ich mir, sind keine Routinegedanken, & dann fiel mir ein, daß ich selbst einmal eine Montblanc-Füllfeder besessen hatte, & in dem Etui konnte man den Boden mit der Füllfederhalterung herausnehmen & darunter waren Reservetintenpatronen, genauso verhielt es sich auch mit den Etuis der Montblanc-Kugelschreiber, nur daß dort statt der Tintenpatronen je vier Ersatzminen aufbewahrt waren, ich nahm je eine heraus, legte sie in die Papierlade, dann hatte ich es plötzlich eilig, die Unterlagen zurückzubringen, kurz war ich besorgt, der *große Blabla* könnte mir meine Aufregung anmerken, doch kaum hatte ich das Deckenlicht ausgemacht & die Tür hinter mir geschlossen, war alles vergessen,

das Muschgmöbel querte den Aufenthaltsraum, betrat das Büro, übergab dem *großen Blabla* die ausgefüllten Dienstpläne, Personallisten, das Korrekturfläschchen & die Montblanc-Kugelschreiber, wurde wegen seiner Akkuratesse gelobt und hernach in den Abend entlassen |: heute am 17. März wie an jedem Tag :|, der Theaternarr jedoch, der in dieser Routine & in diesem ALLtag keinen Platz hat, ist ganz in dem Muschgmöbel verschwunden, gut möglich auch, daß er den ehemaligen Kopierraum gar nicht verlassen hat,

später, als ich nach Mitternacht |: heute am 17. März wie an jedem Tag :| aus meinem Traum erwachte & halb aufgerichtet im Bett, den sternlosen Stadthimmel im Blick, meine nachmitternächtlichen Routinegedanken abspulte, fielen mir das Papier & die Kugelschreibermine wieder ein, undeutlich zuerst, als wäre es ein Traumrest, der sich völlig unzugehörig in die Traumnachbetrachtungen geschoben hatte, als Fremdbild & Störung, die mir schließlich so lästig wurde, daß ich, um mir Klarheit zu verschaffen, aufstand & hinüber in den angrenzenden Kopierraum ging, wo ich alles genauso vorfand, wie ich es am Nachmittag hinterlassen hatte,

ich holte ein Handtuch aus meinem Zimmer, legte es vor den Türspalt auf den Boden, damit kein Licht nach außen fiel, nahm Papier & Kugelschreibermine aus der Lade, setzte mich an den Tisch & begann zu schreiben,

zwei, drei Stunden schrieb ich, irgend etwas, wie mir schien, ein Strom von Worten, der aus mir heraus auf das Papier floß, jeder Gedanke, jeder Einwurf gegen oder zu dem Geschriebenen wurde ohne Umwege zu Papier gebracht, was eine gewisse Gedankenlosigkeit in meinem Kopf zur Folge hatte, ich schrieb, ohne abzusetzen, Seite um Seite, dann, als hätte jemand das Licht ausgeschaltet oder den Schutzschalter gekippt, hörte es plötzlich auf,

ich legte die beschriebenen Blätter zuunterst in den Stoß, schloß die Lade, nahm das Handtuch, löschte das Licht & ging in mein Zimmer zurück, wo ich bis zum Morgen durchschlief, in meiner Morgenroutine erwachte & von den Erinnerungen an meine nächtlichen Aktivitäten völlig unbehelligt den Parcours meines Anstaltsalltags absolvierte,

selbst als ich im ehemaligen Kopierraum über den Dienstplänen saß, die Kopiermaschine im Rücken, war ich ganz Muschgmöbel, auch wenn ich mich entschlossen & mir ständig versichert hatte, genau das nicht mehr zu sein, hier, in der Anstalt, war ich doch, aufs Ganze besehen, |: heute am 17. März wie an jedem Tag :| mehr & zuinnerst genau das, was ich nicht sein wollte, denn auch meine Trotz- & Widerstandsgedanken waren, wie mir jetzt erkennbar wurde, nur Teil der Routine & nicht mehr, man muß, denke ich, diese Routine & diese Anstalt & diesen Tag als Maschine denken und wenn, was ich als Möglichkeit nicht ausschließe, diese Anstalt & diese Routine & dieser Tag nur Emanationen einer geistigen Erkrankung sind, dann hat dieser Wahnsinn, der in allem auf Wiederholung & Gleichförmigkeit abzielt, eine mechanische Struktur, & diese Struktur, in der ich gefangen bin wie im Inneren einer Maschine, bildet ein geschlossenes System, was ein Hinweis darauf ist, daß dieser Wahnsinn zu meinem Schutz existiert, eine Art Stasis, in der ich Aufenthalt genommen habe,

zum anderen wäre es auch möglich, daß ich mich *tatsächlich* in einer Anstalt befinde & ich mir diese Routine & diesen Tag nur einbilde oder einrede, was fatal wäre, denn das würde bedeuten, daß das Bemerken der Routine, das ich jetzt als ersten Fortschritt verbuche, nur ein weiterer Ausdruck meiner Geisteskrankheit wäre, dessen erstes Stadium als ungewöhnliche Folge von eingebildeten *Déjà-vus* bezeichnet werden könnte, dem Gefühl, das, was man erlebt & erlebt hat, schon einmal erlebt zu haben, ein Echo, das jedem Geschehen anhaftet, auch den eigenen Reflexionen & Gedanken, nur jetzt,

während ich dies schreibe, bin ich diesem Gefühl enthoben, was ich hier & jetzt tue, ist einmalig, es ist noch nie geschehen,
    und ich weiß es,

der Virus der Verdopplung, denke ich, hat mich im Griff |: heute am 17. März wie an jedem Tag :|, ein Bewußtseinsvirus, falls es so etwas gibt, der eine fremde Bewußtheit ausbildet, einem Tumor nicht unähnlich, eine Tumormembran, die sich über meine eigene Bewußtheit stülpt, mein Bewußtsein überwuchert & mir den unmittelbaren Zugang zu dem Geschehen & damit in die Gegenwart verwehrt, sodaß ich alles zeitverzögert & doppelt wahrnehme, einmal als Muschgmöbel, das bewußtseinslos in dem Raum anwesend & selbst nur Raum ist, & einmal als Bewußtsein, das von der Umwelt & allen Sinneseindrücken abgeschlossen in diesem Muschgmöbel wie in einem finsteren Keller hockt,

doch, wie gesagt, das sind nur Möglichkeiten, die ich nicht ausschließe, die ich weiter-, aber nicht zu Ende denke, weil ich sie nicht als Tatsachen verfestigen will & auch weil sie mir angst machen, einmal abgesehen von der Scheu, die uns anhaftet, wenn wir uns in diese zwielichtigen Regionen & Zwischenreiche vortasten,

jeder Wahnsinn ist gewählt, hier, in dieser Anstalt, wird mir diese These zur Maxime, auch zum Trost, denn ich habe mich nie für diesen Wahnsinn entschieden, das gilt & bleibt gültig, bis man mir das Gegenteil beweist, was unmöglich ist, denke ich, sollte ich *tatsächlich* geisteskrank sein,

denn in dieser Routine |: heute am 17. März wie an jedem Tag :| ist kein Platz dafür, ausgenommen ich grabe mich schreibend zu dieser Erinnerung durch, alles, denke ich, hängt von meiner Erinnerung ab, ob es mir gelingt, die Tumormembran von meiner Bewußtheit abzustreifen oder doch so weit zu schwächen, daß eine Anbindung an mein Leben wieder möglich ist, denn das ist kein Leben hier, das ist nicht *mein* Leben, sage ich mir, wieder & wieder, und: Ich bin in diese Situation gestellt & kann nichts weiter tun, als zu beobachten & abzuwarten & mit den geringen Mitteln, die mir zur Verfügung stehen, versuchen, auf diese Situation einzuwirken, das ist *auch* ein Gebet, denke ich,

alles ist besser als die Routine & Routinegedanken, an denen sich das Muschgmöbel |: heute am 17. März wie an jedem Tag :| wie auf Schienen durch die Anstalt bewegt, das ist der eigentliche Wahnsinn, nicht die Überlegungen & Spekulationen, die ich anstelle, so sprunghaft & irrwitzig sie auch sein mögen, das Irrationale & der Wahnsinn sind den meisten Menschen ja Synonyme, doch scheint mir jetzt, wo ich gezwungen bin, mich damit auseinanderzusetzen, daß es sich genau umgekehrt verhält,

denn das Unberechenbare, etwa im Verhalten & der Anpassung, die nicht nachvollziehbaren Gedankengänge & Bilder, letztlich auch das Stimmenhören & die Halluzinationen sind ja aus einer Wirklichkeit geschöpft, die auch dem Unverrückten Grundlage ist, nur ist sie bei dem Wahnsinnigen zu einer Realität zusammengefaßt, zu der wir keinen Zugang haben & deren innere Zusammenhänge & Notwendigkeiten wir nicht verstehen, und wenn, was ich annehme, jede Art von Wahnsinn ein geschlossenes System bildet – das ist damit gemeint, wenn ich sage, daß wir keinen Zugang haben –, dann liegt dem Wahnsinn eine Mechanik & Routine zugrunde, die ihn zusammenhält, ich meine: Kein Wahnsinniger ist jeden Tag ein neuer Mensch, die meisten *Störungen*, sind sie nicht anlaßbezogen, könnten durchaus Teil einer Struktur sein & sich in Rhythmen – Mikro- & Makrorhythmen – ereignen, für die uns das Sensorium fehlt,

auch hege ich den Verdacht, daß diese Strukturen, im Gegensatz zum *gesunden Menschen*, eine Vereinfachung darstellen, denn das Kranke parasitiert immer am Gesunden & nicht umgekehrt,

denkbar wäre eine Verkrustung & Verknöcherung der Strukturen des gesunden Organismus – des gesunden Geistes, um genau zu sein –, die eine Simplifizierung zur Folge hat, denn das Unberechenbare, denken wir nur an die Inspiration, den *Geistesblitz* oder glücklichen Einfall, ist zweifelsfrei dem gesunden Geist zuzuordnen & keineswegs, wie allgemein angenommen, ein Merkmal geistiger Erkrankung, die, wie gesagt, nach meiner Ansicht, in einer Verkümmerung besteht, weshalb es auch leichterfällt, sich das geschlossene System des Wahnsinnigen als eine Maschine oder einen Apparat zu denken, während der geistig gesunde Mensch stets als offenes System zu denken ist,

das aber ist in unserer Gesellschaft zunehmend unerwünscht, denn ein geschlossenes System, das ist doch eine Funktionseinheit, wie sie gewollt wird, um den reibungslosen Ablauf zu garantieren, während ein geistig gesunder Mensch diesen Ablauf nur stören kann,

deshalb kann heute, was gut für die Gesellschaft ist, nicht gut für den einzelnen sein & umgekehrt, was gut für den einzelnen ist, kann nicht gut für die Gesellschaft sein,

soweit ist es gekommen, denke ich, & wir haben kaum Mittel, uns dagegen zu wehren, vor allem ist jeder Widerstand im Außen sinnlos geworden, denn er macht uns kenntlich & in der Folge verfügbar, isoliert uns & ist nicht ungefährlich – ich kenne nicht wenige, die heute ihre Brauchbarkeit für die Gesellschaft als Sozialfälle & entmündigte Pharmazeutikaprobanten abdienen, die Bereiche, die uns noch unvernutzt zur Verfügung stehen, sind zunehmend dem Unwirklichen zugeordnet, der Magie & Poesie, den Träumen & Zwischenwelten, wo das Irrationale noch seinen Platz hat & mithin ein Leben möglich ist, das mehr als bloßes Funktionieren ist, das Theater, denke ich, könnte auch so ein Ort sein, zumindest habe ich das einmal geglaubt, doch die Erfahrung hat mich eines Besseren belehrt …

III

„Erinnerungen & Träume", hat Aumeier einmal geschrieben, „sind aus demselben Stoff gemacht", und es ist doch merkwürdig, daß meine Routine auch einen Traum beinhaltet, aus dem ich |: heute am 17. März wie an jedem Tag :| kurz nach Mitternacht erwache, & ich kann nicht sagen, ob es wirklich nur ein Traum ist oder eine Erinnerung, die mir nur im Traum zugänglich ist,

es ist der Traum vom *Ersten Tag* in dieser Anstalt, ich wache in diesem Bett auf, das jetzt mein Bett ist, in diesem Zimmer, das jetzt mein Zimmer ist, niemand ist da, niemand kommt, ich stehe auf, der Blick aus dem Fenster ist ein anderer, nicht die Straßen & die Stadt sehe ich acht Stockwerke unter mir, sondern Felder von Schnee, so weit das Auge reicht, das Panorama der Berge, eine Winterlandschaft, wie ich sie aus den Schweizer Alpen kenne, ich frage mich nicht, wo ich bin & wie ich hierhergekommen bin, diese Routinefragen, die mich in meinem Routinetag begleiten, nein, ich schaue nur in das Fremde hinein, neugierig, erkunde das Zimmer, alles sieht sehr sauber & ordentlich aus, im Bad liegen frische Handtücher, im Kleiderschrank sind nur Kleiderhaken & eine Wolldecke, in der Kommode Unterwäsche & Socken, zwei Stöße mit Pyjamas, wie ich einen trage, davor je ein aufgeklebter Zettel, TAG steht bei dem einen, NACHT bei dem anderen Stoß, meine Kleider, Schuhe & persönlichen Sachen finde ich nicht, auch kein Telefon, Radio oder eine Klingel, um die Schwester oder einen Pfleger zu rufen,

ich verlasse das Zimmer & stehe *zum ersten Mal* im Aufenthaltsraum, eigentlich ein Saal, ein regelmäßiges Oktagon, fensterlos, acht Türen, an jeder Seite eine, die Wände sind bis unter den Plafond mit malvenfarbenen Stofftapeten austapeziert, Wandleuchten, ein dunkler, mattglänzender Parkettboden, keine Teppiche, keine Bilder, in der Mitte des Raumes ein großer achteckiger Holztisch, ein Stuhl an jeder Seite, die Anordnung korrespondiert mit den Türen, die Symmetrie des Raumes ist verwirrend, ich finde nur zwei Anhaltspunkte, um mich zu orientieren: ein Wappen über der meinem

Zimmer gegenüberliegenden Tür &, rechts davon in der Ecke, einen ausgestopften Bären, mannshoch, das Maul weit aufgerissen, die Arme halb erhoben, wie ein Boxer, denke ich mir & muß lächeln, sein Anblick ist mir vertraut, doch ich weiß nicht woher;

ich gehe zur nächsten Tür, links von mir, klopfe, keine Antwort, drehe den Türknopf, trete in ein schmales, dämmriges Zimmer, Holzregale an den Wänden, buntbemalte Obstkisten & Kinderstühle, ein niedriger Tisch, ein Mann, den ich noch nie gesehen habe, sitzt davor, starrt auf die Tischplatte, bemerkt mich erst, als ich vor ihm stehe, hebt den Kopf, das Gesicht ist maskenhaft, dann etwas wie ein Wiedererkennen, sein Gesicht öffnet sich, er springt auf, brüllt „Aumeier", ich trete einen Schritt zurück, er strahlt mich an, ich befürchte, daß er mich umarmen will, strecke ihm zur Abwehr meine Hand entgegen, doch er hat sich schon wieder auf den Stuhl fallen lassen, als hätte ich ihn gestoßen, sackt zusammen wie eine Marionette, starrt teilnahmslos auf die Tischplatte, als wäre ich nicht im Raum, ich mache wieder einen Schritt auf ihn zu, er hebt den Kopf, ist von meinem Anblick überrascht, springt auf, brüllt „Aumeier", strahlt mich an, ich strecke ihm zur Begrüßung die Hand entgegen, doch er hat sich schon wieder auf den Stuhl fallen lassen, sackt zusammen wie eine Marionette, starrt teilnahmslos auf die Tischplatte, als wäre ich nicht im Raum,

ich will das Spiel nicht wiederholen, stehe still, schaue mich um, ich befinde mich in einer Art Spiel- oder Kinderzimmer, die Wände sind abwechselnd altrosa, türkis & himmelblau gestrichen, die Stühle bunt lackiert, in den Holzregalen lagern Schachteln mit Brettspielen, daneben ein Puppenherd, kleine Plastiktassen & -teller, -töpfe & -kannen, am Boden Obstkisten mit Spielzeug, Bausteinen, ein Standglobus, der Tisch ist leer geräumt, der Mann, jetzt, wo ich ihn mir genauer ansehe, ein trostloser Anblick, er scheint kaum zu atmen, seufzt, ein Zittern durchläuft seinen Körper, erstarrt … *Stupor*, denke ich, doch ein guter Kopf, so etwas sieht man heute nur noch am Theater oder beim Militär, alles an ihm ist kräftig, sehnig, die Gesichtshaut grau, ich erinnere mich, daß seine Hände gezittert haben, als er vor mir gestanden hat – wie alt mag er sein, Anfang, Mitte Sechzig … –, schizophren vielleicht, katatonisch, besser ich lasse ihn, will ihn nicht stören in seinem Kranksein, langsam gehe ich rückwärts aus dem Zimmer, einen Schritt, noch einen, da wird es plötzlich hell im Raum, als hätte jemand die Vorhänge zurückgezogen,

… Gitter vor dem Fenster, dahinter eine Wiese, weiße Kieswege, Steinamphoren mit Blumen, Hekken, Bäume – das Zimmer liegt ebenerdig, der Anblick der parkähnlichen Landschaft ist so lieblich, daß ich gleich hinausgehen will in diesen Frühling oder Sommer,

ich schiebe mich, an die Wand gedrückt, an dem Mann vorbei, um nicht in seinen Wahrnehmungskreis zu geraten, gehe zum Fenster, öffne beide Flügel, drücke mein Gesicht gegen die Gitterstäbe, kalt & feucht fühlen sie sich an & irgendwie wirklich, im Gegensatz zu diesem Mann & diesem Raum, selbst die Luft in dem Zimmer scheint aus Papier zu sein, ich schließe die Augen, atme die frische Morgenluft, ich weiß nicht, wie lange ich dort stehe, mir wird kalt, ich sehe mich das Fenster schließen, sehe mich in den milchigen Himmel schauen, aber ich tue nichts davon, stehe nur da, die Augen geschlossen, & als ich sie wieder öffne, hat sich nichts an dem Bild verändert, ich strecke eine Hand durch das Gitter, die Landschaft bauscht sich wie eine bemalte Stoffjalousie …

dann stehe ich wieder vor dem Mann, er hebt den Kopf, alles wiederholt sich wie die beiden Male zuvor, ich warte, bis er sein „Aumeier" gebrüllt hat, & statt zurückzuweichen, lege ich ihm meine Hand auf die Schulter, er sieht mich an, blickt auf die Hand, sieht mich wieder an ... wir müssen beide lächeln, „Bitte ...", sagt er, jetzt sanft & freundlich & zeigt auf den freien Stuhl neben seinem, wir setzen uns, ich rücke nahe an ihn heran, unsere Knie berühren sich, er nimmt meine Hand, zärtlich, hält sie in beiden Händen,

„Kennen wir uns –", frage ich, & er nickt,

„... Aber du kannst dich nicht erinnern, ... nicht ... – ... das macht nichts, das ist ... normal ..." & nach einer kurzen Pause: „*Ich* kann mich erinnern, ja ...",

„Muschg", sage ich, „ich heiße Muschg, nicht Aumeier ...", er starrt mich an, so wie er früher auf die Tischplatte gestarrt hat, & ich wiederhole: „... nicht Aumeier", der Blick bleibt stumpf, sein Mund bewegt sich ganz unabhängig, wieder muß ich dabei an eine Marionette denken, der Mund klappt auf & zu,

„*Hier* nicht, hier heißt du ... anders ...",

„Muschg ...", wiederhole ich,

„Ja, meinetwegen ... gut, Muschg also ...",
„Und du –",
„Pistorius ... Robert", er grinst mich an, als hätte er einen Witz gemacht, ist wieder da, tätschelt meine Hand, beugt sich vor, flüstert dabei: „Das ist für die anderen ..." & zwinkert mir zu,
„Wo ist denn das Personal ...", frage ich,
„Um acht", antwortet Pistorius, „... immer um acht" – wobei es seltsam ist, daß er das in meinem Traum sagt,

denn auch |: heute am 17. März wie an jedem Tag :|, wenn ich gegen acht Uhr mein Zimmer verlasse, sehe ich als erstes Pistorius im Aufenthaltsraum sitzen, wo er auf mich wartet, |: heute am 17. März wie an jedem Tag :|, wir schlendern in den kleinen Speisesaal hinüber, der sich neben dem Büro des *großen Blabla* befindet, verneigen uns im Vorbeigehen vor dem Bären & beginnen unsere Frühstücksroutine, die etwa zwei Stunden dauert, wir bleiben ungestört, bedienen uns am Nirosta-Buffet, trinken Kaffee, Pistorius ist aufgeräumt, wach, erzählt vom Heer, ich vom Theater, er gibt vor, sich diese „Kur", wie er sagt, noch zu gönnen, bevor er in Pension geht, ich erzähle ihm von meinem Disponentenalltag, von dem er so wenig Ahnung hat wie ich von seinem Offiziersalltag, wir finden das beide sehr interessant & unterhaltsam,

ich berichte ihm von meinen Theaterträumen, die ich nach dreißig Jahren als gescheitert ansah, „und dann", sage ich, „hat sich plötzlich diese Gelegenheit aufgetan, mit der ich nicht mehr gerechnet hatte, nämlich: einmal Regie zu führen & ein Stück zu erarbeiten, der Direktor, es war ein neuer Direktor, der seine Karriere an *meinem* Theater als Regieassistent begonnen hatte & um meine Liebe zum Theater wußte, er gab mir *carte blanche*, sowohl was das Stück als auch die Schauspieler betraf, nur das Budgetlimit durfte nicht überschritten werden, doch wie so oft im Leben, ist das Wünschen eine Sache, die Verwirklichung unserer Wünsche eine andere, ich weiß nicht, war es zu spät in meinem Leben, daß diese Chance zu mir kam, oder war es mir *im Grunde* nicht gegeben, etwas anderes als ein Disponent am Theater zu sein, jedenfalls mußte ich mir bald eingestehen, daß mich die Aufgabe, neben meiner Tätigkeit als Disponent, überforderte, heute gestehe ich mir das ein, damals habe ich natürlich alles versucht – das mag das Soldatische an mir sein –, das Projekt zu realisieren …",

so rede ich drauflos & glaube mir, was ich erzähle, obwohl ich keine Erinnerung daran habe, jetzt nicht, im Kopierraum, während ich dies schreibe, & auch nicht in der Frühstücksroutine |: heute am 17. März wie an jedem Tag :|, doch ist mir *das Gefühl*, während ich spreche, gegenwärtig, die Dissoziation, denn ich höre mich sprechen, das heißt, ich höre mir zu, ich glaube, man nennt das Vogelperspektive, wenn man sich selbst zum Objekt wird, obwohl das auch ein Blödsinn ist, denke ich mir, Therapeutengeschwätz, denn ich bin kein Vogel, ich bin das Muschgmöbel & ich bin etwas anderes & bin es gleichzeitig, das ist eine Form von Gegenwärtigkeit, die ein Therapeutenkopf nur als Störung & Krankheit auffassen kann, doch ist diese Gleichzeitigkeit das Natürlichste & Selbstverständlichste, alles andere ist eine Vereinfachung, die im Prinzip dem Reich des Wahnes zuzuordnen ist, denn daß eine Gegenwart durch einen Raum begrenzt sei, das kann nur glauben, wer selbst nur Raum ist, also sehe ich mich im Gespräch mit Pistorius, zwei ältere Herren im Pyjama, die freundlich schwätzend in dem kleinen Speisesaal sitzen & sich vielleicht Lügen erzählen, ich, weil ich es in diesem Moment nicht besser weiß, & Pistorius, weil er sich mir in seinem Wahnsinn nicht offenbaren will, wie er sich mir im Traum so offen gezeigt hatte, der vielleicht gar kein Traum ist, sondern eine Erinnerung an den *Ersten Tag*, wie ich glaube, die sich nur als Traum maskiert, eine Erinnerung, die mir nur im halbbewußten Zustand zugänglich ist, also im Grunde gar kein Traum,

wobei ich Aumeiers Auffassung von Träumen teile, seit er sie mir zum ersten Mal erläutert hat, nämlich, daß wir im Traum Bereiche betreten & an Orten leben, Nacht für Nacht, die weder unseren Sinnen noch unserem Vorstellungsvermögen zugänglich sind, & daß es sich bei dem, was wir in Träumen *sehen* oder *erleben*, mitnichten um Verarbeitungsprozesse handelt, sondern daß die Bilder, Landschaften wie Menschen, nur *geliehen* sind, Kulissen & Kostüme aus dem Fundus, mit welchen die unsichtbare Welt ausstaffiert und erst *sichtbar* gemacht wird – denn die Welten, in denen wir in unseren Träumen Aufenthalt nehmen, gehören dem Jenseitigen, Unsichtbaren, Ungestalten & Ungeformten an, dem Chaos, dem „großen Gähnen", der Titanenwelt, die ja nie untergegangen ist, wie Aumeier betont, in dem Sinn, wie etwa das Habsburgerreich verschwunden ist, man kann die Titanen & olympischen Götter nicht töten, sie gehören dem Mythos an & sind unzerstörbar, man kann sie nur wegsperren & aus der Sichtbarkeit nehmen, & dasselbe gilt für ihre Welt & all die anderen Welten & Zauberreiche, von denen wir Kenntnis haben, sie sind in der Bildlosigkeit verschwunden,

und: Nichts, was wir in unseren Träumen sehen, war zuvor ungesehen, es sind Bilder & Kombinationen von Bildern, die wir in uns aufgenommen & in uns hineingenommen haben, das ist der Fundus, in dem nichts verlorengeht, die Bilder altern nicht in uns, & wenn sie verblassen, dann ist das unserer Wahrnehmung geschuldet, unserer Unfähigkeit, *alle* Bilder, die wir in uns aufgenommen haben, im Gedächtnis zu behalten, also vergessen wir sie – das ist die Voraussetzung, sie zu erinnern – und wann immer wir sie wieder hervorholen, sind sie frisch wie am ersten Tag,

beim Träumen gilt diese Beschränkung nicht, da haben wir Zugriff auf *alle* Bilder, um uns das Traumgeschehen sichtbar zu machen, deshalb ist nichts in unseren Träumen, was es scheint, ausgenommen, manchmal die Toten, wobei die Regel lautet: Je unheimlicher das Geschehen, desto unverstellter zeigt sich uns die unsichtbare Welt,

eine Traumdeutung hat deshalb die Kenntnis der Bewegungen, Gesetze & Wesen jener unsichtbaren Welten zur Voraussetzung, zu der Professoren & Therapeuten *per se* keinen Zutritt haben, sonst wären sie keine Professoren & akademisch legitimierte Therapeuten, denn das bedeutet, daß sie ihre Kenntnisse aus Quellen schöpfen, die in der unsichtbaren Welt ohne Belang sind,

soweit Aumeier, dessen Ansichten zu diesem Thema, wie gesagt, ich zumeist teile, merkwürdig, daß sie in einigen Punkten mit Pistorius' Geschichte, wie er sie mir in meinem Traum vom *Ersten Tag* erzählt, korrespondiert, auch wenn er selbst davon nichts weiß oder nichts wissen will, während wir |: heute am 17. März wie an jedem Tag :| im kleinen Speisezimmer unsere Frühstücksroutine absolvieren & ich ihm die Geschichte meines gescheiterten Theatertraums erzähle & damit unausgesprochen die Überforderung durch den Stückauftrag als Ursache für meinen Aufenthalt in der Anstalt andeute, ein *breakdown* oder *burnout*, das zu haben heute schon zum *guten Ton* gehört – immerhin, denke ich mir, während ich mir zusehe, wie ich mir beim Erzählen zuhöre, immerhin wäre dann die Ursache für meinen Aufenthalt keine Geisteskrankheit, sondern eine Erschöpfung, eine Überlastung, ein Kurzschluß, eine Materialermüdung – das muß man nicht heilen, denke ich mir, das kann man reparieren & betrifft im weitesten Sinn nur das Muschgmöbel ... – dann mag meine geistige Verwirrung & paranoische Verfaßtheit anderen Quellen geschuldet sein, Medikamenten vielleicht, die man uns ins Essen mischt,

wie auch immer: Ich kann & will nicht ausschließen, daß das Muschgmöbel die Wahrheit sagt, doch bleibe ich wachsam, während ich ihm zuhöre, solange *ich* keine Erinnerung & damit keine Gewißheit habe, bleibt die Geschichte, die es erzählt, *seine* Geschichte, nicht meine, und als Pistorius die Frage stellt, um welches Stück es sich denn gehandelt habe, das ich mir für mein Regiedebüt ausgewählt hatte, denke ich mir, ja, das würde mich auch interessieren, & erschrecke, denn es ist beinahe so, als sei ich selbst in diesem Moment zu Pistorius geworden, was, wenn ich es weiterdenke, bedeuten würde, daß es diesen Pistorius gar nicht gibt & ich mir selbst in dem kleinen Speisezimmer gegenübersitze – eine Vorstellung, die ich sogleich gewaltsam, ja panisch von mir weise,

„Ich bin das", flüstere ich laut in die Stille des Kopierraumes hinein, das helle Deckenlicht schmerzt mir in den Augen & schreibend wünsche ich mir eine Kerze, einen warmen Lichtraum in dem Dunkel, eine Lichthöhle, in der ich mich bergen kann, wie ich es noch aus meinem Leben vor dem Aufenthalt in der Anstalt kenne, ich wünsche mir eine Kerze, schreibe ich & schließe die Augen & schreibe den Satz ein drittes Mal,

& als ich die Augen wieder öffne, schreibend, immer noch schreibend & keine Kerze vor mir auf dem Tisch steht & der Kopierraum immer noch der Kopierraum ist & nicht mehr & nichts anderes, weiß ich auch, daß ich nicht Pistorius bin & vielleicht auch nicht diese Anstalt, doch das wird sich zu einem anderen Zeitpunkt klären,

Welches Stück, schreibe ich,
 „Welches Stück –", fragt Pistorius,
 „Welches Stück –", wiederholt das Muschgmöbel |: heute am 17. März wie an jedem Tag :| und, nachdem es eine Weile vor sich in die Luft gestarrt hat: „Sagt Ihnen der Name de Veuster etwas …", wir schütteln die Köpfe, das Muschgmöbel ist zufrieden & fährt fort wie folgt: „Sie müssen verstehen, wir haben uns dieses Stück, gemeinsam mit den Hausdramaturgen, erst erarbeitet, der Titel *Molokai oder die freundliche Insel* bezieht sich auf eine der acht Hauptinseln von Hawaii, sie wird heute auch *die vergessene Insel* genannt, weil sie für den Tourismus kaum Bedeutung hat, für uns beziehungsweise für das Stück war sie von Interesse, weil ein Teil der Insel Mitte des neunzehnten Jahrhunderts zur Leprakolonie erklärt worden war – sie erlangte später Bedeutung durch das Wirken des Leprapriesters Damian de Veuster, ein belgischer Missionar, der

heute weltweit in Vergessenheit geraten ist, Belgien einmal ausgenommen, ich glaube, er wurde auch heiliggesprochen, ein Bauernsohn, der die Aufgabe übernahm, sich um die Leprakranken auf der Insel zu kümmern – unter fürchterlichsten Bedingungen, denn man überließ anfangs die Aussätzigen, zirka vier- oder fünfhundert an der Zahl, weitgehend sich selbst, es gab keine medizinische oder seelsorgerische Betreuung, es herrschte das Recht des Stärkeren, Kinder wurden zu Sklaven & Dienern, waren sie nicht mehr zu gebrauchen, weil die Krankheit zu weit fortgeschritten war, ließ man sie irgendwo verfaulen & verhungern,

die Kolonie ... eigentlich eine Deponie, eine Menschendeponie, war durch das Meer & landeinwärts durch hohe Berge völlig abgeschottet, einziger Kontakt zur Außenwelt bestand durch ein Schiff, das einmal im Monat Nahrungsmittel brachte, Kleidung wurde einmal im Jahr ausgegeben, es gab keine Häuser, keine Spitäler, keine Ärzte, kaum Nahrung oder frisches Wasser – mit einem Wort: Es herrschte die totale Anarchie, auch viele Gesunde lebten dort, die sich von ihren Familienangehörigen nicht trennen wollten, und, ein Umstand, den ich irgendwo erwähnt fand & der sicherlich die Spannungen in der Kolonie erhöhte: Es herrschte akuter Frauenmangel, denn unerklärlicherweise ist das Verhältnis der Männer zu den Frauen in solchen Kolonien meist zwei zu eins ... – egal",

das Muschgmöbel wischt mit der Hand durch die Luft, nimmt einen Schluck Kaffee, sagt *jedenfalls* & nochmals „... jedenfalls: Pater de Veuster schaffte dort Ordnung, ‚menschenwürdige Umstände', wie man sagt, die Lepra jedoch verschonte ihn nicht, er infizierte sich & starb auf Molokai ... – das ist noch kein Theaterstück, ich weiß, doch was früher am Theater die Dramatik war, Herr Pistorius, das ist heute *das Thema* – man bringt Themen auf die Bühne, die Schicksale sind nur noch Beigaben; bitte fragen Sie mich nicht, warum das so ist, vielleicht sind die Menschen unempfindlicher gegen Einzelschicksale geworden, wenn es sich nicht um Berühmtheiten handelt, ich weiß es nicht, jedenfalls: Ein interessiertes Publikum – und das gibt es auch heute noch – ist immer am Thema interessiert, & das Thema in *Molokai oder die freundliche Insel* ist der Aussatz, das Ausgesetzt-, Ausgestoßen- & Geächtetsein, und zwar in einem weitaus umfassenderen

Sinn, als es sich ein Outlaw unserer Tage, der sich sein Outlawsein leisten kann, vorzustellen vermag –

die Ausstoßung aus der menschlichen Gemeinschaft, die den einzelnen, nach der Diagnose, ohne jedes eigene Verschulden ereilt – selbst die gröbste Fahrlässigkeit, etwa im Umgang mit Leprakranken, ist noch keine Garantie, sich anzustecken, es gab in dieser Hinsicht auch Versuche von Ärzten, sich mit dieser Krankheit zu infizieren, die erfolglos blieben, manchmal dauerte es zwanzig oder fünfundzwanzig Jahre, ehe die Krankheit zum Ausbruch kam –

erinnerlich, als Kuriosum, ist mir der Fall einer Frau, deren Ehemann am Aussatz starb; sie verheiratete sich wieder, & auch ihr zweiter Mann, der zuvor völlig gesund gewesen war, starb an der Krankheit – so etwas soll es übrigens auch bei AIDS geben, Menschen, die nur Überträger sind ... doch, wie gesagt: das Thema ... – der Aussatz, Herr Pistorius, isoliert den Befallenen *in nuce*; Kinder, Eltern, Frau, Familie, Freunde, Beruf & Sparverein – er wird aus *jeder* Gemeinschaft herausgerissen, & er weiß, daß diese Ausstoßung unumkehrbar, ja endgültig ist, denn es gibt keine Heilung für seine Krankheit, keine

‚Re-Sozialisierung', auf die noch Doppelmörder & Schwerverbrecher ein Anrecht haben –

und dieses Ausgestoßensein, das endgültig ist, ist nur die Beigabe zu dieser furchtbaren Krankheit, welche die Ägypter ‚das Sterben vor dem Tod' nannten – ja, Herr Pistorius, es ist eine alte, biblische Krankheit, eine Gottesstrafe, & ich habe ihre Historie, soweit sie mir zugänglich war & es mir mein Disponentenalltag erlaubte, gründlich recherchiert ...

doch worin, werden Sie sich vielleicht fragen, besteht die Relevanz dieses Themas für uns Heutige, einmal abgesehen von dem Umstand, daß wir noch immer, & vielleicht mehr als jemals zuvor, Herdentiere sind – die Ächtung, die Verstoßung aus der menschlichen Gemeinschaft, das sind für uns Worte, die eine ganz andere Bedeutung haben, egal ob bei Krankheit oder Verbrechen, der Geächtete heute wird *tatsächlich* aus der Gemeinschaft entfernt, er wird weggesperrt & ist in der Gemeinschaft nicht mehr aufzufinden ... ich meine, man sieht ihn nicht – die Mörder & Verbrecher, aber auch die chronisch Kranken, Siechen & Versehrten, sie sind aus dem Gemeinschaftsbild getilgt, ihre Gegenwart ist ersetzt durch Fahndungsphotos & Schauspielergesichter, die wir aus dem Fernsehen kennen – das ist unsere Zeit, gut, ja, man muß es nicht bewerten, doch wenn man ein wenig Geschichte studiert, zeigt sich uns ein anderes Bild, ein *öffentliches* Sterben & Geächtet- & Kranksein, das durchaus seinen Platz in der menschlichen Gemeinschaft hat – ich möchte es auch nicht mit der Realität, etwa in ehemaligen Kolonialländern vergleichen, denn das ist eine grundsätzlich andere Kultur & auch eine andere Ordnung, die uns nicht so ohne weiteres zugänglich ist, eigentlich, wie ich meine, überhaupt nicht, aber das Mittelalter, das ist schon eine Kultur, eine menschliche Gemeinschaft & eine Gesellschaftsordnung, in der wir verwurzelt sind & …",

das Muschgmöbel räuspert sich, trinkt wieder einen Schluck Kaffee – ich muß sagen, es ist mir nicht unsympathisch, höre ich doch auch viel Aumeier in seinen Sätzen, das verbindet, seine Atemlosigkeit verstört mich, denn wenn ich auch schreibe, was ich höre, spreche ich doch selbst nicht so, diese Atemlosigkeit würde ich einem Gegenüber niemals zumuten, das Muschgmöbel, denke ich, spricht einen Text, den es selbst nicht geschrieben hat, einen

Theatermonolog, das macht es mir in gewisser Weise unglaubwürdig & verdächtig,

doch diese Routinegedanken, denke ich, müssen auch einen Ursprung haben, sie sind nicht *frisch*, vielleicht deshalb die Dissoziation, ich kenne das vom Theater, wenn ein Schauspieler „aus dem Text fällt" & sich auf der Bühne in der Selbstbetrachtung verliert, wird er unglaubwürdig, das Muschgmöbel, habe ich den Eindruck, bewegt sich hart an der Grenze, besonders wenn es aumeierisches Gedankengut repliziert, möglich, daß es ein Gegengift zu den Routinegedanken enthält, ich wünschte, ich hätte eines von Aumeiers Büchern hier, es würde einen Unterschied machen, ich bin mir sicher …

„… entschuldigen Sie", sagt das Muschgmöbel in meine Überlegungen hinein, sodaß ich kurz erschrecke, weil ich mich angesprochen fühle, „ich glaube, ich habe mich ein wenig gehenlassen …",

Pistorius winkt ab: „Das ist alles sehr interessant … Ich weiß kaum etwas über die Krankheit; wissen Sie, mit siebzehn bin ich von zu Hause weg & habe mich in Marseille in die Fremdenlegion eingeschrieben, dort war das manchmal ein Thema …", er lacht, „… auch wenn es kein Theater war …",

„Sie waren in der Fremdenlegion ...",

„Ja, etwa fünf Jahre ... Schnee von gestern",

er will nicht darüber reden, die meisten, denke ich, wollen nicht darüber reden, das Muschgmöbel & Pistorius schweigen sich ein wenig an, Pistorius holt sich vom Nirosta-Buffet ein Croissant, „Wollen Sie auch noch eins ...", das Muschgmöbel verneint, die Situation ist unbehaglich, ich bin müde, vielleicht ist es besser, ich mache für heute Schluß, Pistorius setzt sich, schwingt das Croissant: „Aber ist Lepra heute nicht heilbar ...",

das Muschgmöbel ist abwesend, die Routinegedanken sind beim *großen Blabla*, den es nach dem Gespräch mit Pistorius treffen soll |: heute am 17. März wie an jedem Tag :|,

„Heilbar ... – Ja, schon, aber das macht seltsamerweise die Ausstoßung in den meisten Fällen nicht rückgängig ... soweit ich in einigen Berichten aus Nepal & Indien gelesen habe; kehren die Geheilten in die Dörfer zurück, werden sie vertrieben, so bleiben sie meist in den Leprastationen, werden zu Helfern ...",

ich bin müde, schreibe ich,

ich bin müde, lese ich,

keine Stunde ist vergangen, seit ich das geschrieben habe, ich war plötzlich so erschöpft, daß ich alles weggeräumt habe & in mein Zimmer gegangen bin, es war erst kurz vor zwei, ich legte mich ins Bett, schlief sofort ein, einen kurzen, traumlosen Schlaf, als ich erwachte, war es immer noch dunkel, kurz vor halb drei, ich war hellwach, nahm das Handtuch & ging wieder in den Kopierraum, jetzt allerdings war mir das *ganze* Gespräch mit Pistorius gegenwärtig, ich weiß nicht, wie es in meinen Kopf gelangt ist, bevor ich mich hinlegte, wußte ich nur, was ich hörte, stenographierte gewissermaßen das Gehörte mit, *sah* auch in den Raum hinein, jetzt aber kann ich mich an das Gespräch *erinnern*, ich weiß, daß ich heute vormittag mit Pistorius in dem kleinen Speisezimmer gesessen bin & daß wir über das Stück gesprochen haben, dann reißt die Erinnerung ab,

vielleicht wenn ich das Geschehen weiterschriebe, ab dem Moment, wo wir uns verabschieden & Pistorius in sein Zimmer zurückkehrt & ich zum *großen*

Blabla ins Büro zur Befragung gehe, daß mir auch der Rest des Tages erinnerlich wird, doch so einfach ist das nicht, ich bin mit Pistorius noch nicht fertig, denke ich mir, nicht in meinem Traum vom *Ersten Tag*, noch mit unserer Begegnung im kleinen Speisezimmer, denn alles, was ich ihm erzähle, während er sich meist verschweigt, von seiner Familie & Belanglosigkeiten spricht, seiner Herkunft & Kindheit & die ausweichendsten Antworten auf meine Fragen gibt – alles, was ich ihm erzähle, muß mit *ihm* zu tun haben, dieser Text in meinem Kopf – und er ist jetzt von Anfang bis zum Ende in meinem Kopf –, ist mir nicht *wirklich*, ich weiß, daß ich ihn gesprochen habe, aber ich weiß nicht – noch immer nicht –, ob ich das auch erlebt habe & es Teil *meiner* Geschichte ist,

gut möglich, daß ich diesen Text, bei den Vorbereitungen für das Stück, allen möglichen Leuten so oft erzählte, daß ich ihn jetzt nur noch seelenlos herunterleiere, das ist eine andere Routine, denke ich, nicht die Anstaltsroutine, ein *Sprechbaustein*, den ich jederzeit abfragen kann, Statistiken, Daten, Jahreszahlen so gut wie Zitate aus Chroniken & Biographien zu dem Thema, etwa ein Attest aus dem zehnten Jahrhundert, das nach der Untersuchung eines Verdachtsfalles öffentlich angeschlagen wurde, es ist mir *wörtlich* in Erinnerung, um nicht zu sagen: eingebrannt, *wir haben erkannt*, heißt es da,

daß sein Gesicht bläulich verfärbt & mit Pusteln bedeckt ist / An den Wurzeln der Haare, die wir ihm aus Bart & Augenbrauen zogen, haben wir Spuren von Fleisch festgestellt / Rings um seine Augenbrauen & hinter seinen Ohren haben wir Knötchen gefunden / Sein Gesichtsausdruck ist starr & unbeweglich, sein Atem unrein, seine Stimme rauh / Gemäß dieser & anderer unzweideutiger Symptome erklären wir ihn hiermit feierlich für aussätzig

– damit begann *die Ausstoßung*,

die Kirche wurde mit schwarzen Tüchern verhängt, an ihrem Tor stand eine Bahre inmitten von Grabsteinen Aussätziger, der Kranke legte sich auf die Bahre & man las im Beisein seiner Familie, Freunde & Verwandten die Totenmesse über ihn, er wurde mit einem Leichentuch bedeckt & auf den Kirchhof vor ein offenes Grab getragen, der Priester streute ihm dreimal Erde auf den Kopf, reichte ihm eine Kutte, einen Holzbecher & einen Almosenbeutel, gab ihm das erste Almosen & der Aussätzige schwur auf die Bibel:

in kein Haus einzutreten / nicht nachts auszugehen / sich von Mühlen fernzuhalten / nicht mit Gesunden zu essen / nicht während der Messe in eine Kirche einzutreten / sich beim Sprechen gegen den Wind zu stellen / sich nicht in Quellen oder Brunnen zu waschen / sich mit einem Glöckchen anzukündigen / nicht ohne Bettelsack auszugehen / stets Handschuhe zu tragen / Kinder nicht zu berühren & ihnen nichts zu geben / mit keiner Frau als der eigenen Umgang zu haben,

dann wurde ihm der Totenschein ausgestellt, den alle Anwesenden unterschrieben, seine Habe wurde unter seiner Familie aufgeteilt, da er verfaulte, galt er auch für verstorben, seine Familie ließ Messen für ihn lesen, tat aber nichts für sein leibliches Wohl, er war nur noch eine Erinnerung, ein lebender Toter, dem die Menschen flohen & den sie mancherorts auch attackierten, sodaß oft Gesunde gegen Entgelt für die Aussätzigen bettelten, doch bald hatte sich die Plage in Europa so weit ausgebreitet, daß es den Gesunden nicht mehr möglich war, die Kranken zu vertreiben, in Nordeuropa war ein Viertel der Bevölkerung aussätzig, Abhilfe schuf erst die Pest, die sich ihre Opfer vor allem unter den Hinfälligen suchte,

„Die Pest – das muß man sich einmal vorstellen", ruft das Muschgmöbel aus, Pistorius schüttelt den Kopf, das Muschgmöbel lacht hysterisch, der Text ist zu Ende, das An- & Ausgelesene hat sich erschöpft, es besteht kein Bedarf an weiteren Daten & Statistiken, Pistorius ist kein Mäzen,

doch wenn es stimmt, was ich gestern oder vorgestern geschrieben habe, nämlich daß wir etwas über den anderen erfahren, wenn wir uns in seiner Gegenwart sprechen lassen & uns dabei zuhören & auf die Gedanken & Gefühle achten, die wir in seinem Beisein haben, dann stelle ich erstens eine Müdigkeit an mir fest, die das Muschgmöbel im kleinen Speisezimmer beinahe anfallsartig überkam & sich auch auf mich im Kopierraum auswirkte,

und zum anderen ist da natürlich die Geschichte mit dieser entsetzlichen Krankheit, wobei ich mir nicht den Kurzschluß erlaube, zu denken, daß Pistorius womöglich selbst infiziert sei, äußerlich konnte ich keine Symptome entdecken, keine weißen Flecken der Haut, Geschwüre oder Verletzungen, die oft von der Unempfindlichkeit einzelner Körperteile herrühren – so soll Pater de Veuster die Krankheit an sich festgestellt haben, als er seine Füße versehentlich in kochendheißes Wasser getaucht & dabei keinen Schmerz verspürt hatte, nein, Pistorius war, soviel ich sehen konnte, äußerlich unversehrt,

doch kann ich nicht ausschließen, daß er an einer anderen Krankheit leidet, die mit uns in dem kleinen Speisezimmer anwesend war, die er vor mir verheimlichte & die vielleicht der wahre Grund für seinen Aufenthalt in dieser Anstalt ist, denke ich daran, was er mir in meinem Traum vom *Ersten Tag* erzählt hat, schließe ich eine Erbkrankheit oder einen genetischen Defekt nicht aus,

dort sitzen wir immer noch im Spielzimmer, Pistorius hält meine Hand, hinter ihm hängen Kinderzeichnungen an der Wand, Ölkreide, Männchen &

Mädchen mit Zöpfen & trapezförmigen Kleidern, ein Baum, Blumen, die Sonne, ein Herz ...

„Sind hier auch Kinder untergebracht –", frage ich,

Pistorius antwortet nicht, doch ist er diesmal nicht dem *Stupor* verfallen, er ist ganz versunken in den Anblick unserer Hände, meine Hand, leicht gekrümmt, ruht auf seinen Händen wie auf einem Kissen, ich wage nicht, sie zu bewegen, auch er hält still, dann, wie aus weiter Ferne:

„Die Kinder ... ich weiß noch, als du mit den anderen ankamst, dein erster Tag ... *Mardi Gras* nennen sie diese Tage, den fetten Dienstag, von *neuem Fleisch* war die Rede ... ich kann mich gut erinnern, weil es auch für mich das erste Mal war ... ich war vierzehn, du ... vielleicht sechs oder sieben, *Mardi Gras* gab es etwa alle sechs Monate, & es war harmlos, absolut harmlos, verglichen mit sonst ... aber es ging ja um nichts, es sollte nur die Übertragung getestet werden, & damit der Schock nicht zu groß war, schließlich wart ihr Kinder, ließ man euch in eigens dafür gebauten Traumzimmern aufwachen – da gab es, neben viel High-Tech, Ritter & Hexen, Zauberer, Clowns, sprechende Tiere &

Außerirdische – ich spielte bei deiner Ankunft einen Gardeoffizier mit Goldtressen & einer riesigen Bärenfellmütze, hatte keinen Text ... na ja",

er schließt seine Hände über meiner, öffnet & schließt sie, ich war seinen Worten gefolgt, mehr noch dem Singsang seiner Stimme, der Inhalt sikkert erst jetzt, während ich auf unsere Hände schaue, nach & nach in mich ein, ich frage mich, was noch kommen wird, denn daß dies erst der Beginn der Geschichte ist, liegt auf der Hand, *seiner* Geschichte, die er irgendwie mit meiner Person in Zusammenhang bringt, das interessiert mich natürlich, wie einen Träume von Freunden interessieren, in denen man vorkommt, gefährlich scheint er mir nicht zu sein, ver-rückt ja, aber nicht gefährlich, er lacht,

„Ich weiß, wie das für dich klingen muß ... oder für andere; deshalb hab ich nie darüber gesprochen, auch wenn ich mich erinnern kann, im Gegensatz zu dir & den anderen ... weißt du: Niemand ahnt, daß ich mich erinnere, auch nicht der Alte, sie glauben, das sei nicht möglich ... aber ich weiß noch alles, seit dem Tag, als *ich* in einem der Traumzimmer aufgewacht bin ... alles ... *hier*", er tippt sich mit dem Zeigefinger an die Schläfe, „... und das macht einen Unterschied, mein Lieber, egal ob ich es jemanden erzähle oder nicht",

er steht auf, läßt meine Hand nicht los, stützt sich mit der anderen auf den Tisch, geht mit mir zum Fenster, öffnet es, zieht die Jalousie hoch, draußen wieder diese Winterlandschaft, Berge, Schnee, Himmel,

„Wo sind wir hier –", frage ich ihn, er zuckt die Achseln,

„Ich weiß es auch nicht ... wir nennen es *die Anstalt*",

„Wir –",

„Fischer & ich, er hat das Zimmer nebenan ...",

„Kennst du ihn auch von früher –",

„Fischer ist älter als ich ... wahrscheinlich älter als wir beide zusammen", er lacht, macht ein schmatzendes Geräusch, „du wirst ihn später kennenlernen ...", und als er mein ratloses Gesicht sieht: „Also gut, komm ...",

wir gehen zum Tisch zurück, setzen uns, er faßt in eine der Obstkisten, zieht aus dem Durcheinander ein Spielbrett heraus, klappt es auf, es ist ein Mensch-ärgere-Dich-nicht-Spiel:

„Acht Türen, vier Menschenzimmer – du, das Spielzimmer, Fischer, dann eine Tür, die immer verschlossen bleibt – vielleicht ein Abstellraum –, dann das Büro des Direktors … – du wirst ihn später kennenlernen –, anschließend das Speisezimmer, ich & noch ein Abstellraum …",

… der ehemalige Kopierraum, denke ich,

„Wir sind nur zu viert –",

„Ja –",

„Kein Personal –",

„Eine Schwester – Sie kommt in der Früh & bringt die Medikamente …",

„Keine Putzfrauen, Pfleger, Ärzte …",

Pistorius schüttelt den Kopf: „Es soll in den Stockwerken unter uns noch andere Abteilungen geben …",

„Keine Stiege, kein Lift, kein Telefon …",

„Nein, soviel ich weiß, nicht … vielleicht im Büro des Direktors, vielleicht ist dort ein Ausgang oder hinter der Tür, die immer verschlossen bleibt … jedenfalls: Frühstück ab acht, Mittagessen ab zwölf, abends nur Tee", *ja*, schreibe ich, alles, was ich über dieses Haus weiß, weiß ich von Pistorius, ich sehe dieses Spielbrett vor mir, rot, grün, blau, gelb – ich, Fischer, der *große Blabla* & Pistorius, sofort gehe ich in *die Traumfalle* & denke mir: Es kann kein Zufall sein, daß mir Pistorius ausgerechnet dieses Spielbrett in meinem Traum vom *Ersten Tag* zeigt, es geht bei diesem Spiel darum, die vier Spielfiguren „heimzubringen", an den Ausgangspositionen der anderen Spieler vorbei – das ist mein Tag, mein Routinetag: Die ersten zwei Stunden sitze ich mit Pistorius im kleinen Speisezimmer, dann bin ich beim *großen Blabla* zum Gespräch, ich esse allein zu Mittag, besuche Fischer, um mit ihm Schach zu spielen, dann gehe ich in den Kopierraum, fülle die Dienstpläne aus, dann die Abendroutine, bis ich aus dem Traum vom *Ersten Tag* erwache – das ist es, denke ich, das ist der Angelpunkt, je nachdem, wo ich den Routinetag beginnen lasse, treffe ich auf Pistorius entweder am Anfang oder zum Schluß,

die Pistorius-Begegnung geschieht zweimal, einmal am Morgen, einmal nach Mitternacht im Traum, eine solche Verdopplung ist nach den Spielregeln nur möglich, wenn man aus dem Spiel geworfen wird, & dies wiederum kann nur geschehen, wenn zwei Spieler auf demselben Spielfeld landen, also denke ich mich als Püppchen, das über das Spielfeld geschoben & wenn es hinausgeworfen wird, wieder in die Anfangsposition zurückkehrt, vier Püppchen gibt es, vier Möglichkeiten, den Weg zu schaffen, doch ist das Ziel, alle vier „nach Hause" zu bringen, erst wenn das gelingt, hat man „gewonnen" – vier Begegnungen, Schwester Anke einmal ausgenommen, sind es, die meinen Routinetag bestimmen & ich muß bei jeder einzelnen damit rechnen, aus der Bahn & vom Feld geworfen zu werden & dann beginnt alles wieder von vorne ...

„Warum bist du hier –", frage ich Pistorius,

er greift wieder in die Obstkiste, fördert einen kleinen roten Schaumgummiball zutage, wirft ihn in Richtung Fenster, er prallt gegen die Wand, verschwindet unter dem Tisch, eigentlich, denke ich, will ich spielen ...

draußen wird es schnell dunkel, Pistorius steht auf, macht das Licht an, erstaunt stelle ich fest, daß er den körperlichen Kontakt zu mir nicht mehr braucht, um nicht in seinen *Stupor* zu verfallen, er sieht mich an, von der Tür her, die Arme über der Brust verschränkt, geht zum Fenster, bückt sich, hebt den Ball auf, legt ihn in die Obstkiste zurück, rückt den Stuhl vom Tisch weg, dreht ihn mit der Lehne zu mir, setzt sich, blickt mir in die Augen, kein angenehmer Blick, ich fixiere einen Punkt an seiner Nasenwurzel, wie ich es früh gelernt habe, um solchen Blicken standzuhalten, etwa beim Bockschauen, wie wir es als Kinder gespielt haben – der andere hat dann den Eindruck, man sähe ihm in beide Augen gleichzeitig,

„Ich bin Soldat, Herr …",

„Muschg",

„Herr Muschg … ich bin Soldat, hier wie dort – Ich bin nichts anderes & war nie etwas anderes; ich bin als Soldat alt geworden, hier wie dort; Sie sind nicht als das alt geworden, was Sie dort sind … dort sind Sie ein Kind, manchmal waren Sie auch etwas anderes, aber meist ein Kind, nie älter als zwölf, dreizehn Jahre … die Technologie – wo fange ich an …",

„Vielleicht sollten wir zum Du zurückkehren …",

„Ja, vielleicht … wobei: Du hast es mir einmal mit diesen Worten erklärt, ‚Geheimes Wissen', hast du gesagt, ‚gab es in allen Epochen: Praktiken,

Riten, Heilmethoden … Geheimes Wissen bei den Zünften, den Priestern & Mönchen, den Handwerkern & Ärzten, nicht nur bei den Schwarzkünstlern, & heute gibt es eben geheime Technologien, es hat sich nicht viel verändert, das Gespenst der Aufklärung & die sogenannte freie Presse grasen nur die Oberfläche ab, die Eiferer hat es immer gegeben, auch den Rummel, den Jahrmarkt, das Spektakel … es findet nur heute nicht mehr dort statt, wo wir es vermuten …'",

„Das habe ich gesagt –",

„Ja, du hast immer so gesprochen, du warst der Dichter …",

„Aumeier …",

„Ja –",

„Aber ich heiße Muschg –",

„Dort warst du Aumeier, der Dichter …",

„Ich dachte, ich war zwölf –",

„Ja –",

„Ich war zwölf & ein, nein, *der* Dichter …",

„Ja –",

„Was habe ich geschrieben –",

„Am Anfang Geschichten … Du hast sie zuerst erzählt, später aufgeschrieben, phantastische

Geschichten, die du immer weitergesponnen hast ... später dann Theaterstücke ...",

„Aumeier hat geschrieben, ich meine der wirkliche Aumeier ... er war ein Freund von mir; vielleicht verwechselst du mich ...",

„Nein –",

„Was macht dich so sicher ...",

„Dein Freund ist gestorben, vor zehn, fünfzehn Jahren – du hast es mir selbst erzählt ...",

„Wir drehen uns im Kreis ... ist das, was ich geschrieben habe, auch veröffentlicht ...",

„Ja, und erfolgreich, aber nicht unter deinem Namen ... für die Öffentlichkeit gibt es andere – und glaub mir, die haben kein schönes Leben dort unten, und du hast dir vieles erspart, hattest Privilegien, die wir anderen nicht hatten; ein Mädchen gab es noch, das hatte auch Glück ...",

„Warte, warte ... langsam ... so wird das nichts ... – Was meinst du mit *dort*, Übertragung, geheime Techniken ... der Alte ... verstehst du: Ich kann mich an *nichts* von all dem erinnern ...",

Pistorius starrt wieder eine Weile vor sich hin, dann rafft er sich auf: „Entschuldige, die Medikamente ...",

„Wie lange bist du schon hier –", er schüttelt nur den Kopf, wieder diese Traurigkeit, die ich schon vorhin, als der Ball unter dem Tisch verschwunden war, verspürt hatte, eigentlich will ich spielen, denke ich, vielleicht, daß wir uns beide wirklich aus irgendeiner Kinderzeit kennen, er war mir, muß ich eingestehen, nicht unvertraut – doch konnte das auch andere Gründe haben, ich muß aufpassen, denke ich, daß er mich nicht zu tief in seine Wahnwelt hineinzieht …

„Also: Wo ist *dort*, & was ist *die Übertragung* …",

„Du schläfst zu Hause ein & wachst an einem anderen Ort auf; du denkst, es ist ein Traum, & das erste Mal, wenn die Übertragung getestet wird, tun sie auch alles, um diesen Eindruck zu verstärken; es ist aber kein Traum, sondern ein realer Ort, nur der Körper, in dem du erwachst, ist nicht dein Körper, es ist eine Kopie, zumindest die ersten Male, dann oft nicht einmal das … Du hast sie ‚Möbel, Amöbe oder Homunculus' genannt, je nachdem, was es gerade war; der Homunculus war nicht größer als eine Puppe, manche Kopien waren nicht ganz ausgereift, hatten keine Beine oder Arme – wenn du in so etwas aufgewacht bist, wußtest du meist, daß eine Bestrafung anstand … weil der Alte & seine Freunde sind nicht in bester körperlicher Verfassung … – nun, die Übertragung: Ich weiß nicht, *wie* es funktioniert, doch wird dein Bewußtsein übertragen, sobald du schläfst; es geht nicht jede Nacht, vielleicht zwei, drei Nächte hintereinander, jedoch üblicherweise alle zwei bis drei Monate einmal, sie holen dich je nach Bedarf – und: Es herrschen zwei verschiedene Zeiten, eine Nacht hier kann *dort* zwei, drei Wochen dauern; wie gesagt, ich weiß nicht, wie es funktioniert …",

ich wäre *jetzt* gerne aufgewacht, schreibe ich in meinem Kopierraum, jetzt, an dieser Stelle des Traums vom *Ersten Tag*, ich will das nicht wissen, es reicht mir schon mein Routinetag & daß ich mich an nichts erinnern kann, es reicht mir schon *meine* Verrücktheit – die Welt ist ja voller Verrücktheiten, was muß ich mich mit Träumen & einem Traum-Pistorius, der in meinem Routinetag nur ein gemütlicher alter Herr ist, belasten & nicht zu vergessen einem *Traummuschg* – soviel, denke ich mir, zur Dreifaltigkeit: das Muschgmöbel, der Traummuschg & meine erbärmliche Wenigkeit, nachts um vier in einer Abstellkammer, mit einer Kugelschreibermine in der Hand – der Schöpfer, der Sohn & der Heilige Geist, es ist eine einzige Trostlosigkeit, man wischt das Blut von den Wänden, kehrt die Knochen zusammen, überall Haut & klebrige Haarreste, leert den Fäkalienkübel aus, wechselt die Windeln, reinigt die Fingernägel, trinkt in einer Bar ein Glas Wein, zahlt, sieht sich das Leben, das man nicht hat, im Fernsehen an, während nur ein paar Straßen weiter einer wie ich im neunten Stockwerk eines Hauses, an dem man täglich vorübergeht & an dessen Fassade man nie hochgeblickt hat, in einem Abstellraum hockt & schreibt, weil er hofft, daß er damit etwas verändern kann, obwohl: Ich *hoffe* nicht, es gab die Möglichkeit & ich habe sie ergriffen, es war die *einzige* Möglichkeit, so wie dies jetzt meine einzige Realität & mein Leben ist, dort draußen – ja *dort*, vielleicht ist es dieses *dort*, das Pistorius gemeint hat –, diese Realitäten des einzelnen, in nächster Nähe, das ist doch unvorstellbar, es muß ja nicht gleich ein Schrecken sein, es müssen ja nicht immer die Keller sein, wenn man etwa liest, zweihundert Mädchen seien aus der Hand von Menschenhändlern befreit worden, hier gleich zwei Straßen weiter,

oder wenn man sich den Alltag in einem Gefängnis, in einer Zelle, in einem Obdachlosenheim vorstellt, in unmittelbarer Nähe, die alte Frau, die seit Wochen mit niemandem gesprochen hat, die ganze Zeit im Bett liegt, die Zehennägel wie Krallen, & an ihrem Fernseher die Einstellung verdreht & einen Fernsehtechniker ruft, damit sie jemanden zum Reden hat, was ist das, denke ich mir, für ein Gefühl, wenn man eine solche Wohnung betritt,

und dann gibt es natürlich noch die Kinderhöllen, die Beziehungshöllen, die Ehe- & Familienhöllen, doch, wie gesagt, es müssen nicht immer die Schrecken sein, der Alltag genügt, jedoch verdeutlichen uns die Schrecken unser Nichtwissen & die Abgeschiedenheit, in der wir unser Leben fristen, als sei man an der Hand genommen & in eine Realität gestellt, in Umstände & dann heißt es:

Ja, das ist jetzt *dein Tag*,

einen anderen gibt es nicht, nicht für dich jedenfalls, nein, das andere ist für die anderen da, und du selbst bist für die anderen ein anderer & eine

Möglichkeit, doch für dich selbst bist du keine Möglichkeit, im Gegenteil, du bist eine einzige Unmöglichkeit, diese Anstalt, das Theater, der Abstellraum, das sind nur Unmöglichkeiten, was wir Realität nennen, ist eine einzige Unmöglichkeit & natürlich ist mir die Summe der Unmöglichkeiten, die es gibt, unvorstellbar,

dieser Mensch, denke ich mir, irgendeiner, ist nicht die Möglichkeit zu etwas anderem, sondern die Unmöglichkeit von etwas anderem, und was wir Veränderung nennen, ist nur der Austausch einer Unmöglichkeit gegen eine andere,

schon möglich also, daß es sich so verhält, wie Pistorius sagt, daß wir eines Tages in einem anderen Körper aufwachen, daß wir in die neue Unmöglichkeit hinüberwechseln, & das nennen wir dann eine Veränderung, aber niemand hat noch den Moment der Veränderung, so sie nicht gewaltsam geschieht, wahrgenommen, weil es diese Veränderung gar nicht gibt, weil jede Veränderung ein Austausch ist, eine Auswechslung, schon in der Pubertät ist das so, & bei den Kleinsten, die „Entwicklung", die Wachstumsschübe finden immer im Ungesehenen statt, meist im Verlauf einer Krankheit, die wahrscheinlich notwendig ist, um die erforderlichen Anpassungen vorzunehmen,

mein Zustand, mein Tag wird sich also nicht ändern, *ich werde mich nicht ändern*, aber ich werde alles tun, um den Austausch zu erzwingen, falls dies möglich ist, ich werde an einem anderen Ort aufwachen & alles wird so sein, als sei es nie anders gewesen, |: heute am 17. März wie an jedem Tag :|, dieser Tag, denke ich, ist *dein* Tag,

und wenn ich den Austausch schon nicht erzwingen & ermöglichen kann, dann will ich ihn auch nicht verhindern, indem ich mich in dem Wahnsinn befestige, um mich dann, in meiner Austauschunmöglichkeit, nach der Katastrophe zu sehnen und sie als *Befreiung* zu propagieren,

wie all die Moderatoren des Untergangs & Mediatoren der Vernichtung, all die kleinen Idioten in den Befehlsständen der Ortlosigkeit, Horchposten im Niemandsland, Poltergeister in den Redaktionsstuben, die das Offene besetzen, immer *auf Sendung*, studierte Idioten, die das Leben der anderen besprechen, jede Diplomarbeit ein Rufmord, jeder Artikel ein Glaubensbekenntnis, Marodeure des Nichts, Brandschatzer, Stubenhocker & Milchgesichter, die nur noch den Unsinn verbreiten, zu dem sie geworden sind, Mordbuben, einer wie der andere |: heute am 17. März wie an jedem Tag :|, was will man da von einzelnen sprechen, irgendwo steht jeder mit dem Rücken zur Wand & keiner will es wissen,

keiner will verstehen, daß es um *sein* Leben geht, in dem sich die Untergänge der anderen spiegeln, dort & da, ein Salon des Entsetzens, Revuen der Verkrüppelung, Gala der Schrecken, & hie & da ein einzelner, groß geworden in der Verwüstung, eine Kathedrale an Skrupellosigkeit, ein Vorbild an Gewissenlosigkeit – dem gilt es zu huldigen,

human bis zur Unmenschlichkeit sollst du sein
|: heute am 17. März wie an jedem Tag :|,
verlogen vor dir selbst & mächtig vor den andern,
dann werden die Menschen kommen
& sagen: „Ein Segen",
wo es doch nur Krankheiten sind,

das, denke ich, ist auch eine Erlösung: die Krankheit – ich habe es oft genug beobachtet, auch wenn ich es nicht artikulieren konnte, wie dankbar *im Grunde* einzelne für ihre Krankheiten waren, nicht als Entwicklungsmöglichkeit oder daß sie die Funktionsstörung begrüßten, sondern weil es sie, in einem umfassenderen Sinn als zuvor, „zugehörig" machte – weil ihnen die tägliche Entscheidung *für* dieses System & gegen sich selbst & ihr Empfinden aus der Hand genommen war, das System – als Staat, als Gesundheitssystem – wurde, war der einzelne einmal durch seine Krankheit kenntlich gemacht, für den Kranken in einem beinahe absolutistischen Sinn zur Instanz, die nicht nur die medizinische Versorgung & Betreuung regelte, sondern recht eigentlich – je nach Krankheit – über Leben & Tod des einzelnen entschied,

die Gesundung war dem System überantwortet, das jedoch nicht an der Gesundung, sondern an der Vernutzung & dem Verbrauch des einzelnen durch seine Krankheit interessiert war – etwas anderes kann dieses System gar nicht leisten, wobei der einzelne gezwungen ist, durch seinen Krankheitsverlauf dieses Gesundungssystem, das keines ist, zu erhalten, wo jedes Rädchen, von den Ärzten zu den Pharmafirmen & Labors wiederum selbst so vielen

Regeln & Regulierungen unterworfen ist, daß es an ein Wunder grenzt, wenn ein Kranker dieses System UND die Krankheit überlebt, von Gesundung will ich gar nicht sprechen, wer ein Spital betritt, „eingeliefert" oder angeliefert wird, sei es nur wegen eines entzündeten Blinddarms, kann froh sein, wenn er es lebend wieder verläßt – das sogenannte Gesundheitswesen ist die Moloch-Maschine, wie sie uns Fritz Lang als *Herz-Maschine* in die Anschauung gebracht hat, oder doch ein Teil davon, das System, denke ich, ist ein Menschenmaterialverarbeitungssystem & es ändert nichts daran, daß man dies seit hundert Jahren weiß, im Gegenteil – und denke ich an das Gejammere der Kranken über die Ärzte oder die Kosten, ist es nicht mehr als das Quengeln von Kindern, die sich bei ihren Eltern über eine Ungerechtigkeit beklagen – so, denke ich, tritt man seinem Feind nicht gegenüber, da schwingt schon ein Einverständnis & eine Akzeptanz mit, wie sie für das Vorratsopfer, zu dem wir geworden sind, typisch ist,

der arme Pistorius, denke ich, nachdem ich wohl aumeierisches Gedankengut, das mir noch eingesessen war, wiedergekäut habe, all diese Tatsachen, die doch keine Wahrheiten sind, bei wem, denke ich, soll *ich* mich beschweren, ich habe mich nie beschwert, ja, vielleicht die Leute *ausgerichtet*, doch gehört das gewissermaßen zur Disponentengrundausstattung, daß man die Leute schlechtredet, den Direktor & die Diven, das gehört dazu, ist eine Ausgleichsbewegung, die so selbstverständlich wie mir heute unverständlich ist, hier & jetzt, *jetzt, jetzt, jetzt* schreibe ich und: *Ich bin glücklich*,

so ein grundloses Daseinsglück,

jetzt, jetzt, jetzt,

eine Freude, die ich nicht weiter analysieren will, doch daß sie möglich ist, auch hier in dieser Anstalt, in meiner Situation, das gibt mir Hoffnung – was sonst … –, und ich wende mich wieder Pistorius in meinem Traum vom *Ersten Tag* zu, sehe, leicht amüsiert, wie mein *Traummuschg*, der mit Pistorius' bisherigen Ausführungen wenig anfangen kann, doch weiterhin interessiert ist, ihn mit Fragen eindeckt, um ihn, wie ich mich erinnere, zu präziseren Aussagen zu bewegen, der Kommandoton, dessen er sich dabei bedient, scheint nicht verfehlt:

„Wo ist *dort* – kannst du es beschreiben ...",
„Wir nennen es *die Fabrik* –",
„Ist es ein Haus, ein Lager, ist es ...",
„Es ist unterirdisch, einem Militärkomplex nicht unähnlich, doch größer ... und *tiefer* ...",
„Wie tief –",
„Mehrere Etagen; ich hatte nur zu den ersten drei Zutritt – die ersten zwei waren den Labors & Aufenthaltsräumen – wenn man das so nennen will – des Alten vorbehalten & den Kindern, dort waren die Fleischräume, die Lustzimmer, die Küchen, der Fest- & der Speisesaal, im Stock darunter die Ausbildungsräume & in der dritten Etage die Transportmittel, der Fuhrpark & die Waffenkammer, die Vorrats- & Kühlräume ... zu diesem Bereich hatten die Kinder & Gäste keinen Zutritt –",
„Welche Gäste ...",
„Alle möglichen ... viele von ihnen wirst du aus der Zeitung kennen – es war dort stets Karneval, Party ... Ausschweifungen, ich habe keine Worte dafür ... stell dir einfach einen Ort vor, an dem du tun & lassen kannst, was du willst, & stell dir Menschen vor, die *nur* an der Macht interessiert sind & die sich ihre Macht bestätigen, indem sie sich über

jede Grenze, jede Limitierung, jedes Tabu hinwegsetzen, deren Bestreben es ist, die Unmenschlichkeit in sich zu stärken & zu nähren, weil sie dadurch dem ähnlicher werden, das sie verehren, Menschen, die alles Menschliche in sich verachten & als Schwäche begreifen …",

das hat durchaus dämonische Züge, denke ich, doch gibt es eine Un- & Übermenschlichkeit, die nicht durch die Schwarzkünste erreicht wird, sondern durch den Umgang mit dem Apparat, wenn wir selbst zum Vorgang werden, das beginnt mit dem Fließband & der Stechuhr, doch es endet dort nicht, die Routinen & Programme, die uns vernutzen & entmenschlichen, sind heute Teil des Alltags, der keinen ausnimmt, oder, um mit Nietzsche zu sprechen:

Die Wüste wächst: weh dem, der Wüsten birgt!
Stein knirscht an Stein, die Wüste schlingt
  und würgt.
Der ungeheure Tod blickt glühend braun
und kaut –, *sein Leben ist sein Kaun …*

„‚Grausamkeit', hast du einmal zu mir gesagt, ‚ist im Grunde eine Geisteskrankheit' ... weißt du, auch wenn ich dir nichts verheimlichen will, so gibt es doch Dinge, über die ich nicht sprechen möchte; ich habe alles gesehen, was man sich vorstellen kann, & ich weiß, was ich gesehen habe – aber es ist etwas anderes, ob du es siehst oder selbst ...",

„... in die Sichtbarkeit holst ... in die Gegenwart ...",

„Ja – was hätte es für einen Sinn, das zu wiederholen, es zu verdoppeln ...",

„Es heißt: Das Aussprechen hat reinigende Wirkung ...",

„Ja –", er zögert, dann schüttelt er den Kopf: „Nein –",

„Nein –", und nach einer kurzen Pause: „Ich habe einmal gesehen, wie dir der Alte den Schädel eingetreten hat ...",

„Was –",

„Ja, ihr hattet eine Meinungsverschiedenheit – das war ganz am Beginn; du wolltest nicht mehr schreiben oder es war wegen Anna ...",

„Anna –",

„Anna, das Mädchen, sie hat die Lieder geschrieben …",

„Das Mädchen, von dem du früher gesprochen hast, das – wie ich – *auch* Glück gehabt hat –",

„Ja, sie konnte Lieder machen … es war ein Wunder; die Lieder kamen einfach aus ihr heraus, fertig … & stets hatte man den Eindruck, man kenne das Lied schon, aber es waren immer neue Lieder … Es war sehr beeindruckend, & wie du war sie privilegiert; nur der Alte durfte euch anfassen … Anna war älter als du & schon länger unten; das blieb euch nicht erspart … man konnte den Alten nicht zufriedenstellen, vielleicht wurde es ihm auch langweilig; jedenfalls hast du, glaube ich, damals Anna in Schutz genommen – du wußtest noch nicht, wie es lief: Als sie dich das nächste Mal holten, bist du in einem Homunculus aufgewacht, ohne Beine, & warst sehr erschrocken, kein Wunder, wenn man so klein ist & diesem Irrsinnigen ausgeliefert, der groß wie ein Haus ist … das ist schon ein Alptraum, gar nicht zu reden, was dann kam … aber, siehst du: Das habe ich gemeint – du bist noch nie gefoltert worden … ja –",

„Nein …",

„... ja, zumindest glaubst du das; wenn ich dir jetzt von der Folter erzähle, in allen Einzelheiten, dann – und ich weiß, du wirst mir das nicht glauben – ist das in gewisser Weise schlimmer, schmerzhafter, als wenn du es erlebst; jetzt wärst du ein hilfloser Zuschauer, der sich das Furchtbarste vorstellt, in der Situation aber bist du nicht hilflos, auch wenn du dich nicht wehren kannst, dein Körper oder dein Geist kann es – wird der Schmerz zu viel, vereist du ...",

„Eis –",

„Ja, du vereist, gefrierst – und es kann auch zu Glücksgefühlen führen ...",

„Glück –",

„Ja, Endorphine, Glückshormone – du weißt nie, *wann* es kommt, aber wer öfter unter der Folter war, weiß, *daß* es kommt ... die Schmerzen hast du dann später, wenn das Endorphin weg ist – ich meine, du nicht, der Homunculus ist ja nur eine Kurzzeitform, der wird dann ohnehin entsorgt ... aber man kann schon süchtig nach diesen Endorphinschüben werden & ist dann auf Entzug – absurd, nicht ...",

„Ja ...",

Pistorius steht auf, geht zu dem Standglobus, knipst ihn an, geht zur Tür, schaltet das Deckenlicht aus, setzt sich wieder,
„Besser so –",
„Ja –",
„Ich hab das erlebt ... ja; für die Soldaten machen sie andere Körper als für die Kinder; die Homunculi sind, glaube ich, nur Abfallprodukte; als Soldat brauchst du ein Körpergedächtnis, das können sie nicht speichern oder programmieren & auf andere Körper übertragen ...",
„Warum wurdest du Soldat ... *dort* ...",
„Warum wurdest du Dichter ... das sucht man sich nicht aus; das erste Mal testen sie die Übertragung, das nächste Mal, wenn sie dich holen, wirst du vom Alten *befragt* ... gut, nennen wir es einmal so ... als er dich fragte, was du gut kannst, hast du geantwortet: ‚Geschichten erzählen' & Anna ‚Lieder machen', & ich konnte gar nichts gut, ich habe nichts gesagt, & ohne ein weiteres Wort hat er begonnen, mich zu verprügeln, ich hab mich nicht gewehrt, aber ich habe ihn die ganze Zeit angesehen ... weißt du, das war keine Lust oder Wut, der Alte ist völlig emphatielos, kalt, er hat mich beobachtet & ich ihn,

die Tränen sind mir heruntergelaufen, aber ich habe nicht weggesehen & nicht geschrieen, & dann hat er gelacht & gesagt: ‚Du bist ein Wolf, du wirst Soldat', & das bin ich dann auch geworden …",

„Was wird aus den anderen –",

„Spielzeug, sie nennen es Spielzeug –",

„Warum Kinder –",

Pistorius zuckt mit den Achseln, es klopft an der Tür,

ich schreibe,
es klopft an der Tür …

IV

Schwester Anke stürmt ins Zimmer, zwei, drei Schritte, dann ist die Routine zu Ende: „Aber Herr Muschg – was soll denn das …", sie stellt den Becher mit den Pillen auf das Nachtkästchen & beeilt sich, das Fenster zu schließen, im Zimmer ist es eiskalt, das Muschgmöbel liegt im Morgenmantel & Pyjama unter der Decke & macht ein vergnügtes Gesicht,

„Ja was ist denn mit Ihnen – ist Ihnen nicht gut …", sie beugt sich vor & will ihm die Hand auf die Stirn legen, schnell zieht das Muschgmöbel die Decke über den Kopf & dreht sich zur Seite,

„Herr Muschg … also bitte, was soll das denn …", das Muschgmöbel streckt den Arm unter der Decke hervor, formt aus Zeigefinger & Daumen einen Kreis – es sollte ein O.-K.-Zeichen sein, aber Schwester Anke scheint es anders aufzufassen, sie weicht zurück, faucht: „Ich verbitte mir das …",

das Muschgmöbel lugt verwundert unter der Bettdecke hervor,

„Ich bin krank", sagt es weinerlich, „ich hab die ganze Nacht kein Auge zugetan ...",

„Haben Sie Fieber ...", sie kommt näher, das Muschgmöbel kann sie jetzt riechen,

„Nein, nein, kein Fieber ...",

„Ich kann den Doktor holen ...",

„... vielleicht hab ich etwas Falsches gegessen; ich hab in der Nacht geschwitzt, mir war heiß, dann kalt – ich hab mich auch übergeben ...",

„Sie ...",

„Ja, vor einer halben Stunde ... oder so ... seither geht es mir besser ... wirklich, ich brauche nur etwas Schlaf ...",

„Ich sollte doch besser den Doktor holen –",

„Bitte ... nur etwas Schlaf; wenn es dann nicht besser ist, melde ich mich ... ich ... ich gehe zum Direktor, das schaff ich schon ... es ist ja nicht weit ... um vier muß ich sowieso zu ihm ...",

Schwester Anke holt eine der Wolldecken aus dem Schrank, breitet sie über das Bett,

„Aber Mittagessen gehen Sie ...",

das Muschgmöbel nickt, dankbar, hält die Luft an, wartet, bis sie bei der Tür ist: „Und bitte, Schwester Anke ...", sie dreht sich um, „... seien Sie doch so nett & sagen Sie dem Herrn Pistorius, daß ich heute nicht mit ihm frühstücken kann ...",

„Dem Herrn Pistorius ...",

„Ja, er sitzt im Aufenthaltsraum & wartet sicher schon auf mich ...",

„Schlafen Sie jetzt ...",

das hat sie nett gesagt, denke ich mir, der Ton war milde ... – das Muschgmöbel zog die Decke über das Gesicht, rollte sich zur Seite & schlief augenblicklich ein,

müde genug war ich ja, denke ich, nachdem ich die Nacht durchgeschrieben hatte, und: Wer da in meinem Traum vom *Ersten Tag* an die Tür geklopft hatte, würde ich wohl nie erfahren – gut so, vielleicht war es doch nur ein Traum, ich bin gelassener als *gestern*, stelle ich fest, ich bin auch *zuversichtlich*, vielleicht zu sehr, beim *großen Blabla* war ich richtiggehend übermütig – gut möglich, daß er einen Verdacht hegt, vermutet, „daß etwas anders ist", doch wie ich ihn einschätze, wird er sich sein Empfinden schon irgendwie wegrationalisieren, ich war ja am Vormittag unpäßlich, das mag ihm als Erklärung genügen, wie gesagt: Ich war müde, konnte es mir jedoch nicht verkneifen, nachdem ich den Kopierraum verlassen hatte, Pistorius' Aussage aus meinem Traum vom *Ersten Tag* zu überprüfen, & schlich mich durch den Aufenthaltsraum zu jener ominösen Tür, die, laut Pistorius, möglicherweise der Eingang zum Stiegenhaus war & „immer abgeschlossen sei", was sich, zumindest für dieses Mal, bestätigte, dann lauschte ich an Fischers Tür – nichts, das Büro des *großen Blabla* war auch abgeschlossen, der kleine Speisesaal leer & aufgeräumt, die Tische nicht gedeckt, um den Schwarzbären machte ich einen Bogen, ausgestopfte Tiere waren mir immer unheimlich …

wieder zurück in meinem Zimmer putzte ich mir die Zähne & legte mich ins Bett, vor dem Fenster begann es bereits zu dämmern, ich stand wieder auf, schaute in die fremde Stadt hinaus, während ich doch sonst |: gestern am 17. März wie an jedem Tag :| stets nur *hinuntergesehen*, die acht Stockwerke gezählt & auf die Straßen & Plätze *hinabgeblickt* hatte, eine Binnenstadt wahrscheinlich, kein Meer oder Gewässer weit & breit, keine Hochhäuser, nur Gründerzeit- & Sozialbauten, die man nach dem

Krieg in die Bombentrichter gebaut hatte ... zumindest bei uns,

jenseits der Strandlinie des Nebels, der den Großteil meines Sichtfeldes bedeckte, blinkte ein rotes Licht, keine Straßenbeleuchtung, keine Fahrzeuge, Bäume oder Parks – Vorstadt vielleicht ... oder Kleinstadt, jedenfalls: keine Berge, kein Schnee, keine Wahrzeichen, an denen ich mich orientieren oder die ich wiedererkennen könnte, ich wartete, doch alles blieb, wie es war, ging zur Tür, öffnete sie einen Spaltbreit & setzte mich auf den Boden, Schwester Anke, dachte ich mir, würde bald kommen, vielleicht aus jener Tür, die jetzt verschlossen war, ich wartete, das Haus war still, auch keine Geräusche von „unten", wo, wie Pistorius erwähnt hatte, noch andere Stationen lagen, dort, dachte ich, müßte das Haus jetzt erwachen, die Menschen zu arbeiten beginnen – kein Laut war zu hören, im Aufenthaltsraum brannten nach wie vor die Wandleuchten, keine Zeit war in dem fensterlosen Raum, kein Abrieb, keine Gebrauchsspuren, kein Leben ... –

ich saß mit dem Rücken zur Wand, die verschlossene Tür im Blick, als sich, völlig geräuschlos, aus dem Büro des *großen Blabla* der Nirosta-Buffetwagen in mein Blickfeld schob, dahinter Schwester Anke, einen Trupp Arbeiter oder Pfleger im Schlepptau, ich schloß die Tür, öffnete das Fenster – es war nicht heller in dem Zimmer geworden –, zog mir den Morgenmantel über & legte mich wieder ins Bett, schlief, nach Schwester Ankes Visite, bis Mittag, duschte, schlüpfte in den Tagespyjama, warf den gebrauchten & die Handtücher in den Wäscheschacht & ging in das kleine Speisezimmer, frühstückte eine Suppe & überlegte, ob ich Pistorius besuchen sollte, entschloß mich jedoch, den Tag *routiniert* zu Ende zu bringen & bis zu meinem Besuch bei Fischer |: heute am 17. März wie an jedem Tag :| im kleinen Speisezimmer zu bleiben,

nun, da die Routine, wie ich dachte, gebrochen war, interessierte es mich natürlich, wie es weitergehen würde, mein Aufenthalt in dieser Anstalt hatte sich seit meinen nächtlichen Schreibausflügen verändert, eigentlich durch mein *Schreiben*, oder besser noch: daß etwas *geblieben* ist, daß mein Schreiben geblieben ist – denn von all den Gedanken, die ich mir gemacht hatte, war mir nichts geblieben, egal ob ich schon seit Monaten hier bin oder erst seit einer Woche, erst seit ich in jener Nacht aus meinem Traum vom *Ersten Tag* erwacht war & in der Kopierlade meine Aufzeichnungen gefunden hatte, war etwas anders geworden, gab es plötzlich ein *Gestern*, wo zuvor nur ein Alltag gewesen war – daß *etwas bleibt*, denke ich, macht den Unterschied, nicht das Gewusel & Gewinsel, das uns durch den Alltag begleitet,

„daß nichts von ihren Taten & Werken bleibt, ist der Fluch der Erfolgreichen & Mächtigen, die uns heute die Gegenwart besetzen", hat Aumeier einmal bemerkt & hinzugefügt, daß es nie anders & nie besser gewesen sei, doch solle man seine Zeit nicht damit verschwenden, sich mit Eintagsfliegen über *die Dauer* oder das Dauernde zu unterhalten,

wobei ich natürlich weiß, daß ich in *dieser* Hinsicht nichts Bleibendes geschrieben habe – auch wenn der Theaternarr in mir diese Unmöglichkeit nicht ausschließen will & an Manuskripte erinnert, die Jahrzehnte oder Jahrhunderte nach dem Tod des Autors in Lüftungsschächten, Schreibtischen & Bibliotheken aufgefunden worden waren – gut, denke ich mir, soll er seine Phantasie haben, und: Für einen Menschen, der keine Vergangenheit hat, spielt es keine Rolle, ob die Zeit vergeht, er *verfällt* in der Zeit, wie das Muschgmöbel, es hat keine *lebendige Erinnerung*, das Körpergedächtnis, von dem auch Pistorius gesprochen hat, ist nur eine Summe von Konditionierungen – Routinen recht eigentlich –, die den Körper formen, das Muschgmöbel, denke ich mir, *verwittert*, mehr ist es nicht, es hat sowenig eine Gegenwart wie eine Vergangenheit, die Zeit ist *außen*, die *nagende* Zeit, der *kauende* Tod – das ist unser Anteil am Geistlosen, & da wir heute, mehr als in jeder anderen Epoche, in die Wiederholungen & Reprisen gezwungen werden, schon „von Amts wegen", wie es so schön heißt, und von Statistiken, Berechnungen & Regeln auf Schritt & Tritt bestimmt werden, ist auch die Geistlosigkeit eine umfassendere, der *Ungeist*, wenn man so will, denn das ist damit gemeint, wenn es heißt, daß wir in einer materialistischen Welt leben, besser: existieren – Leben ist nur, wo Geist ist, alles andere ist Existenz, Tatsache, Fakt, Erde ...

und jetzt verstehe ich auch, was Aumeier gemeint hat, wenn er im Zusammenhang mit dem Schreiben & der Kunst & dem Künstler von *Dauer* gesprochen hat, nämlich ein „Gefäß für das Geistige" zu schaffen, oder für den Geist, wenn man so will, und dieser Geist umfaßt mehr als das *Jetzt*, das den Eintagsfliegen & Spekulanten vorbehalten ist, „den Wurzellosen", wie Aumeier sich ausgedrückt hat, die jede Saison den Jahrhundertschriftsteller ausrufen & unbedingt „Geschichte machen" wollen, weil sie nicht wissen, daß man Geschichte nicht „machen" kann, weil sie selbst völlig geschichtslos sind, Eintagsfliegen eben,

der Geist jedoch umfaßt Äonen, der Geist, denke ich, ist ein Nachthimmel voller Sterne, in dem wir die unterschiedlichsten Zeiten als *ein* Bild wahrnehmen, Licht von Sternen, die längst erloschen, die gewandert sind & ihre Form verändert haben, jeder Stern, denke ich, hat *seine* Zeit, und all diese unterschiedlichen Zeiten schauen wir – wie Zeitzonen – in einem Bild, das in unserer Gegenwart aufscheint ... –

nein, ein Leben, das keine Erzählung ist, ist kein Leben, & mein Disponentendasein, denke ich, war nicht einmal eine Anekdote, besser noch eine Farce, deren Protagonist ich war, was wohl auf die meisten zutrifft, die im Umfeld der Künste ihr Auskommen finden, womit ich wieder & wieder bei Aumeier, dem Dichter, gelandet bin, und mir wird bewußt, daß sich meine Gedanken die ganze Zeit über, während ich in dem kleinen Speisezimmer saß & meine Suppe löffelte, um Aumeier *gedreht* hatten wie um ein unsichtbares Zentrum, denn alles, was mir Pistorius über jenen unheimlichen Ort, über jenes *dort* in meinem Traum vom *Ersten Tag* erzählt hatte – von der Merkwürdigkeit, daß er mich als Aumeier zu kennen glaubte, einmal abgesehen –, hatte mit Aumeier zu tun,

nicht die Details, sondern die Atmosphäre war es, die mir Aumeier erinnerte, die Berührung mit einer Welt, zu der Aumeier zeit seines Lebens eine Beziehung & einen Zugang hatte, eine Unterwelt, eine Schatten- & Gegenwelt, die ihm *wirklich* war & uns meist nur eine einzige Unheimlichkeit ist,

ein Aberglaube, den ich nicht weiter kommentieren will, doch hat es mich stets beeindruckt, wie Aristoteles seine Metaphysik in respektvoller Weise von den Mysterien abzugrenzen verstand, und die Engelsstudien & -ordnungen des Aquinaten scheinen mir heute noch lohnender als eine Abhandlung über die Fortpflanzung der Seegurken oder über das

Sozialverhalten ausgestorbener Hominiden, deren Existenz durch den Fund eines Schädels & einer Steinaxt „gesichert" ist,

für Aumeier war die Grenze zu jener Welt, auch in seinem Selbstverständnis als Dichter, eine *durchlässige* – und ich erinnere mich, daß er einmal, bei einem unserer Erkundungsgänge am Zentralfriedhof, die Bemerkung fallenließ, daß der *Gehalt* eines Menschen durch sein Verhältnis zum Jenseitigen bestimmt sei, doch erwähne ich das nur als Voraussetzung, denn ein solches Offensein schließt auch ein Sensorium & eine erhöhte Sensibilität für die „dunkle Seite" *dieser* Welt mit ein,

das Abgründige & Verdrängte, das Grauen, das *auch* in dieser Welt wohnt & von dem wir meist nur eine ungefähre Vorstellung haben, etwa wenn wir an die Greuel des Krieges oder der Konzentrationslager denken, an die Tortur zu Zeiten der Inquisition oder durch Einzelfälle in den Zeitungen, die in den Tagesaktualitäten aufscheinen & uns den *Horror* erinnern, sodaß man sagen kann, daß es ein *Grundwissen* um die Unmenschlichkeit in uns gibt, für einen wie Aumeier ist diese „dunkle Seite" jedoch stets präsent, als eine Gegenwart, die sein Verständnis von Welt prägt, aber auch als eine Entscheidung, zu wissen & wissen zu wollen, in welcher Welt wir leben …

wobei es mir wichtig ist, festzuhalten, daß dieses Wissen bei Aumeier nicht gesucht war & er nicht den Morbiden, den Tabubrechern & menschlichen Aasgeiern zuzurechnen ist, den Selbstverstümmlern & Perversionsspezialisten, die sich, als Künstler oder Intellektuelle maskiert, über den Skandal & die Sensation, den Schock & das Schockieren etwas Erfolg, Applaus & Tagesaktualität versprechen – gerade die Theater sind heute in dieser Hinsicht mehr den Geisterbahnen als der Schauspielkunst verpflichtet, das Grauen & die Grausamkeit werden *dargestellt*, sind dem Zuschauer jedoch nicht wirklicher als in einer Kasperlaufführung das Krokodil – womit ich Pistorius nachträglich für seine Weigerung, das Grauen durch die Erzählung nicht zu wiederholen & damit zu *verdoppeln*, Respekt zollen muß, die größte Betroffenheit, denke ich mir, ersetzt die Wirklichkeit nicht, im Gegenteil, ich war ja auch immer *betroffen* – von Geschichten & Schicksalen, die mir erzählt wurden, aber wirklich waren sie mir darum nicht,

und wenn ich genau hinsehe, war meine Betroffenheit stets dort am größten, wo die Gefahr, daß *mir* so etwas zustoßen könnte, am unwahrscheinlichsten war – das, denke ich mir, ist auch so eine Großzügigkeit, die Zeugnis von meiner Erbärmlichkeit abgibt,

Aumeier jedenfalls war weder ein esoterischer Schwammkopf noch ein Ministrant des Bösen, im Gegenteil: Auf *das Böse* angesprochen, pflegte er mit dem Kafka-Zitat „Ich glaube nicht an das Böse, denn mehr Böses, als da ist, gibt es nicht" zu antworten, was, wie ich finde, seine Haltung in dieser Hinsicht treffend beschreibt, denn es fehlte ihm jede Faszination für das Unmenschliche, das an Anziehungskraft zu gewinnen scheint, je ungreifbarer es ist, denn die Leichenberge, die Massengräber & Tatortphotos üben keine Faszination auf uns aus, im Gegenteil, sie stoßen uns ab – die anders Veranlagten einmal ausgenommen –, die *Fakten* lösen nur Ekel in uns aus, Wut & Ohnmacht, was mit ein Grund dafür sein mag, daß man sich nicht *gerne* mit diesen Dingen beschäftigt,

deshalb ist man ganz froh, daß diese Verbrechen im Verborgenen & Geheimen geschehen und, auch wenn es hart auszusprechen ist: Die Mehrheit *will*, daß diese Verbrechen im Verborgenen geschehen, weil man dann nicht herausgefordert ist, dazu Stellung zu beziehen oder zu handeln,

die Mehrzahl der Menschen, denke ich, will nicht wissen, „wie die Welt *auch* ist", weil sie glaubt, sie könne sie nicht ertragen, weshalb die meisten, wo immer sich eine Möglichkeit dazu ergibt, „wegzusehen" & „sich abzulenken", diese nur allzu gern ergreifen – das ist einer der Hauptgründe für den Bedarf an den sogenannten Medien, die Ablenkung & Zerstreuung, & natürlich an der *Unterhaltungsindustrie*, der auch der Sport & der Kunst- & Kulturbetrieb zuzurechnen sind,

jeder Erfolg in unserer Zeit, jeder *Bestseller*, jede Auszeichnung & jeder Preis ist – in der Regel – ein Maßstab für die „Verdrängungsleistung", denn die Ablenkung dient natürlich der Verdrängung &

nichts anderem, hilft mit, daß das, was *auch* in der Welt ist & dem wir nicht *gerne* begegnen, nicht in der Gegenwart & im Bewußtsein der Menschen aufscheint,

und sieht man, wie groß das Bedürfnis nach Ablenkung & Unterhaltensein |: heute am 17. März wie an jedem Tag :| ist, dann wird auch deutlich, daß die Verdrängung Ausmaße angenommen hat, die sie prägend für unsere Zeit & unsere Welt macht,

fatal dabei ist, daß, wer wegsieht, selbst zum Verdränger wird, er wird zum Komplizen der Verbrechen & Unmenschlichkeiten, die er ignoriert & totschweigt, in diesem Sinne herrscht *Konsens*, ein Konsens, der nicht artikuliert oder abgesprochen ist, sondern der durch die Entscheidung des einzelnen entsteht, hinzusehen oder wegzuschauen,

und wer sich diesem Konsens nicht unterwirft, findet sich aus der Verdrängungsgesellschaft ausgeschlossen, er ist suspekt, ja den anderen unheimlich, weil sich durch ihn das Verdrängte dem einzelnen erinnert & Gegenwart hat, er wird zum Träger der *unerwünschten Wirklichkeit* & wird selbst unerwünscht – das fällt mir ein, wenn ich an Aumeier denke, die *kollektive Ablehnung*, die ich bei ihm durch nichts begründet fand & die weder durch sein Werk noch seine Person erklärbar war,

wobei ich nicht behaupten kann, daß ich mich in seinem Beisein immer *wohl* fühlte oder daß es mir stets *angenehm* war, Aumeier hatte etwas Unberechenbares, seine Reaktionen waren im vorhinein nicht abzuschätzen, & so war man vor Überraschungen nie gefeit,

und doch fühlte ich mich in seiner Gesellschaft *freier*, als ich es alleine war, Gesetze & Verbote, die ich, wie wahrscheinlich jeder von uns, in mir trug, schienen in seiner Gegenwart aufgehoben, die Welt war eine andere, ganz zu schweigen von dem Niveau der Gespräche, der Sicherheit seines Urteils, der Fülle seines Wissens, das von ganz anderer Art war, als ich es kannte, die mich natürlich prägten & mir *im Grunde* mein Disponentendasein noch unerträglicher machten – doch vielleicht legte ich es auch darauf an, vielleicht hoffte ich, daß durch die Begegnung mit ihm meine Widerstandskraft gestärkt würde, denn ich hatte es über Jahrzehnte nicht geschafft, mich von diesem Disponentenleben, das ich als eine einzige Erbärmlichkeit & Demütigung empfand, zu lösen,

doch noch wahrscheinlicher, denke ich, ist es, daß ich ihn als Alibi benutzt habe, als Frischzellenkur,

daß ich ihn & seine Wirklichkeit verbraucht habe, um weiter als Disponent zu funktionieren ...,

Aumeier war nie *harmlos* – er hat darauf bestanden, nicht harmlos zu sein, denn, wie er sagte: „Es ist die Harmlosigkeit, die wir uns glauben, weil wir *bewußt* nur einen kleinen Teil der Konsequenzen unserer Handlungen übersehen – wir denken uns die Welt so harmlos & gut, wie wir es selbst gerne wären, wir denken uns *gut* & projizieren unser gedachtes Gutsein – von den kleinen Gemeinheiten & lässlichen Sünden & Bösartigkeiten einmal abgesehen – in die Welt & auf die Menschen & machen uns so blind für die Abgründe & das Wirken der Unmenschen & Psychopathen, die von unserer Blindheit profitieren; Dummheit & Bösartigkeit richten die Welt zugrunde, nur das Wissen um den Abgrund, der diese Welt *auch* ist, bewahrt uns davor, selbst zum Unmenschen zu werden – der Wille, die Aufmerksamkeit auch auf das & jene zu richten, die lieber unbeobachtet bleiben & ihr Unwesen im verborgenen treiben; der Wille, die Aufmerksamkeit auch auf jene zu richten, die im verborgenen leiden, gequält & geopfert werden – die Stummen, die Wehr- & Machtlosen, die Kinder, die Schwachen & Entrechteten, die Ausgesonderten & Wertlosen – mit einem Wort: der Wille, die Welt zu sehen, *wie sie ist*, auch wenn man sie vielleicht so nicht haben will …",

Aumeier drückte sich in dieser Hinsicht nie präzise aus, nannte weder Täter noch Opfer, doch wußte er zweifellos um vieles, das in der Öffentlichkeit nicht bekannt war, erwähnte auch die *Familien*, die dieses Land beherrschten, die Höller und Kerfs, um nur zwei von ihnen zu nennen,

„Ich weiß, was diese Leute tun, was sie getan haben, auch wenn ich nie darüber geschrieben habe, doch alles, was ich jemals geschrieben habe & noch schreiben werde, ist *gegen* diese Leute geschrieben …", bemerkte er einmal, als wir von Münther zu den Kerfs eingeladen waren, ich weiß, daß er es bedauerte, daß Münther sich mit Anna Kerf eingelassen hatte, der *Arme*, denke ich mir –

und ich erinnere mich an das Manuskript, das ich nach Aumeiers Tod in meiner alten Wohnung – eine zeitlang sein Arbeitsraum – gefunden hatte: *Omertà* – dieses Wort, das die Schweigepflicht in der Mafia gegenüber Außenstehenden bezeichnet, ist auch eine Kurzformel für den *Konsens,* der in unserer Gesellschaft gegen das Wahrhaben des Abgründigen besteht, so, denke ich mir, hat sich Aumeier also doch noch entschlossen, Namen zu nennen,

sein Manuskript, soweit ich es im Gedächtnis habe, bestand aus Briefen, Recherchen, Berichten & Protokollen, die sich einerseits mit der Geschichte & dem Aufstieg der *Höllerschen Glaswerke* – die auch heute noch zu den bedeutendsten Industriebetrieben im Land zählen – während der Nazizeit befaßten, andererseits mit den sogenannten „Entbindungsheimen für Zwangsarbeiterinnen" – ich habe das Manuskript nur einmal gelesen, an die Nationalbibliothek geschickt & nie wieder etwas davon gehört, doch bin ich bis heute davon überzeugt, daß diese Recherchen die wahre Ursache für Aumeiers Tod waren, der sich selbst aus dem Fenster in den Tod gestürzt haben soll, was ich für eine einzige Unmöglichkeit halte, doch was soll man tun, einer wie ich, der selbst nur ein kleines Disponentenlicht ist, ich habe die Wohnung ausgeräumt, sein Grab noch ein-, zweimal besucht, dann habe ich ihn vergessen, er ist aus meinem Leben verschwunden & ich bin wieder in meine Eintagsfliegenexistenz zurückgekehrt, relativ unbelastet von den Abgründen dieser Welt, ein Verdrängungsarbeiter mehr, den man in Ruhe läßt, solange er *den Betrieb* nicht stört ...

zumindest habe ich das bis heute geglaubt, meine *Harmlosigkeit* war mir eine Tatsache, als ich noch im kleinen Speisezimmer saß & meine Suppe löffelte, als ich zu Fischer & später zum *großen Blabla* gegangen bin, jedoch hätte ich längst wissen können, denke ich mir, während ich im Kopierraum sitze & dies schreibe, daß es mit meiner Harmlosigkeit nicht weit her sein konnte, wenn man eines Tages in einer Anstalt wie dieser erwacht & von Menschen wie Pistorius, Fischer & dem *großen Blabla* umgeben ist, wobei ich mich nicht entscheiden kann, wer mir von den genannten am unheimlichsten ist,

Fischer haust in seinem Zimmer wie eine Ratte in ihrem Bau |: heute am 17. März wie an jedem Tag :|, wenn ich gegen vierzehn Uhr sein Zimmer betrete, liegt er im Bett & raucht, neben sich – er hat im Gegensatz zu mir ein Doppelbett – ein Tablett mit den Resten vom Mittagessen, die Luft ist abgestanden & verbraucht, die Vorhänge sind zugezogen, in einem der Teller, zwischen Hühnerknochen & eingetrocknetem Bratensaft, Asche & Zigarettenkippen, Fischer selbst, zumindest was man von ihm sehen kann, ist ungepflegt – unrasiert, unfrisiert, die Finger an der linken Hand vom Nikotin verfärbt, die Zähne grau –, er sieht so aus, wie Schwester Anke riecht, denke ich mir, er selbst ist geruchlos, soweit ich das in dem verrauchten Zimmer feststellen kann,

trotz seiner offensichtlichen Verkommenheit habe ich ihn immer als freundlich empfunden, die Schlamperei hat mich |: heute am 17. März wie an jedem Tag :| nicht gestört, ich habe sie nicht gesehen, solange ich ihm gegenübergesessen bin, jetzt jedoch, während ich dies schreibe & mir sein Äußeres ins Gedächtnis rufe, ist das nicht der Fall, sein Gesicht ist spitz, rattenhaft, auch wegen der vorstehenden Schneidezähne, die Nase klein & über den tiefliegenden Augen wölbt sich die Haut anstelle der Augenbrauen zu einem fleischigen, haarlosen Sims, die Textur des Bartes ist mit einigen Strichen Deckweiß aufgehellt – so würde ich ihn malen, vielleicht noch mit der dickglasigen Hornbrille, die er sich während des Schachspielens aufsetzt, & den einzelnen dunklen Haaren, die ihm wie Spinnenbeine aus den Nasenlöchern wachsen,

er grüßt mich nicht, hebt nur kurz die Hand, als er mich sieht, sagt: „Ist es schon Zeit …", während er sich vorbeugt, das Schachbrett vom Nachtkästchen nimmt & auf das Bett stellt, das Brett ist so groß wie ein Buch, mit winzigen Steckfiguren, alles Plastik, wie ich es noch aus meinen Kindertagen kenne,

„Geht es gut …",

„Doch, doch …", er blickt auf das Schachbrett, sieht hoch, schüttelt mir die Hand, ich setze mich auf die Bettkante |: heute am 17. März wie an jedem Tag :| & wir beginnen zu spielen, er zieht schnell, ich brauche etwas länger, verliere ein Spiel, dann das nächste, dann wird er unruhig, hustet, räuspert sich, nestelt an der Brille herum, kratzt sich, am Arm, an der Schulter, zündet sich eine Zigarette an …,

„Ist alles in Ordnung, Herr Fischer", sage ich
|: heute am 17. März wie an jedem Tag :|, obwohl
ich eigentlich wissen müßte, daß nichts in Ordnung
ist, er starrt minutenlang auf seinen Oberarm, ich
folge seinem Blick, kann jedoch nichts Ungewöhnliches erkennen, er macht einen Zug, starrt wieder
auf den Arm, der Countdown läuft, ich denke wieder, ich könnte es eigentlich wissen, aber ich weiß
auch |: heute am 17. März wie an jedem Tag :|, während ich in seinem Zimmer sitze, nichts von dem,
was folgen wird,

so leicht, wie ich aus der Routine gefallen bin,
bin ich auch wieder in sie hineingefallen, sobald ich
Fischers Zimmer betreten habe, ich schaue in das
Zimmer wie auf eine Bühne & sehe ein Stück, von
dem ich weiß, daß ich es schon hundertmal gesehen habe, obwohl ich mich an kein einziges Mal erinnern kann, was, wie ich denke, daran liegt, daß
sich die Aufführung ein ums andere Mal aufs Haar
gleicht – woran sollte man sich da erinnern können, abgesehen vom Ablauf, wenn man wie ich alleine im Theater sitzt, wer weiß, ob das überhaupt
ich bin, das Muschgmöbel sieht vielleicht nur so aus,
wie ich denke, daß ich aussehe, jetzt, nachts, hier im

Kopierraum, der eigentlich eine Abstellkammer ist, ich könnte einen Schildkrötenkopf haben oder ein Rattengesicht wie Fischer, ohne daß ich darum weiß,

da kann ich mir im Gesicht herumtasten, soviel ich will, mir mit den Händen ins Gesicht lügen oder ich gehe hinüber in mein Zimmer & lüge mir mit den Augen ein Gesicht in den Badezimmerspiegel, das, wie ich aus Erfahrung weiß, keine zehn Minuten hält, dann schaut man sich in die Augen & merkt, wie sich das Sichtfeld an den Rändern verändert, andere Gesichter unter dem eigenen Gesicht hervordrängen, ein Wachsgesicht, das zu schmelzen beginnt, leicht, denke ich mir, kann ich mir ein anderes Gesicht zusammenschielen und überhaupt: Wer weiß schon, wie er aussieht, wenn keiner ihn anschaut ... – oder: Was ist im Spiegel, wenn man nicht hineinsieht ...,

ich lasse mich gehen, nur ein Stück weit und erinnere Aumeier, der davon gesprochen hat, daß es einmal eine Zeit gegeben habe, in der nichts zweimal in der Welt existiert hätte, eine Zeit, in der alles einzig war, eine Zeit, in der das Unikat erstrebenswert war, das Unverwechselbare – wer aber will das Verwechselbare, das Austauschbare & Unterschiedslose, die Kopie, das Duplikat, diese Vervielfältigungen desselben ... – das ist in Form gebrachte Routine, denke ich mir, eine *Geistesermüdung*, Ausdruck einer Geisteserkrankung,

deshalb, denke ich, ist es in Ordnung, daß, wo ich die Routine bemerke, mir auch der Wahnsinn faßbar wird & ich mich ein Stück weit gehen & von ihm forttragen lasse, schon um mich zu vergewissern, wenn mir die Erinnerung fehlt, daß es sich bei diesem Theaterstück tatsächlich um eine Wiederholung handelt |: heute am 17. März wie an jedem Tag :|, wenn das Muschgmöbel merkt, daß durch die zunehmende Abgelenktheit Fischers, der immer wieder minutenlang auf seine Arme starrt, seinen Bauch, sich kratzt, an den Schultern, im Gesicht, am Kopf, dann wieder auf die Arme starrt, auf seine Hände, sodaß ein Weiterspielen unmöglich wird,

„Was schauen Sie da ... auf Ihren Arm, Herr Fischer, da ist nichts ...",

„Morgellons", sagt Fischer, & das Muschgmöbel denkt sich: Immerhin, immerhin ist das hier eine Anstalt und ... – und dann fällt ihm das Cormac-McCarthy-Zitat ein: „Es gibt keinen Gott, & wir sind seine Propheten" – genau, denkt das Muschgmöbel & sagt:

„Morgellons ... ist das griechisch ... es kommt mir bekannt vor ...",

„Was ...",

„Morgellons ...",

„Ja, Morgellons ... das ist nicht griechisch – wahrscheinlich französisch ...", er greift sich über die Schulter, kratzt sich, „Sir Thomas Browne, siebzehntes Jahrhundert, Arzt ... Philosoph ... Schriftsteller – unbedeutend, auch wenn Sebald über ihn geschrieben hat; Browne hat diesen Begriff geprägt, weil er in seinem *Letter to a Friend* ... – entschuldigen Sie ...", er setzt sich auf, langt nach der Gabel auf dem Teller, macht ein Hohlkreuz, schiebt die Gabel unter den Jackenkragen, kratzt sich, seufzt, „... das ist besser – wußten Sie, wie Frauen die langen Reißverschlüsse an ihren Abendkleidern zubekommen, wenn sie keine Hilfe haben ...", die Gabel kommt wieder zum Vorschein, er klopft damit neben dem Schachbrett auf die Decke, „... damit ...", der Juckanfall scheint vorüber, doch hat er das Interesse am Spiel verloren, was nicht verwundert, denn das Muschgmöbel ist ihm kein ebenbürtiger Gegner,

„Morgellons …", sagt es,

„Ah … ja, Morgellons – Browne meinte damit eine Kinderkrankheit, die er als Student in Montpellier in Languedoc studiert hatte, neben den bekannten Symptomen wie Husten, Unruhe & Müdigkeit, konnte er selbst beobachten, daß den Kindern ab einem gewissen Stadium der Krankheit Haare auf dem Rücken wuchsen … er brachte die Krankheit mit Rheumatismus in Verbindung, was natürlich ein Blödsinn ist … vielleicht war er zu jung oder unerfahren … ja", er schiebt die Gabel wieder unter den Hemdkragen, „… daher, jedenfalls der Name, von dem niemand weiß, was er bedeutet …"

„Interessant",

„Nein … interessant war, was sich in den dreißiger Jahren des letzten Jahrhunderts irgendein akademischer Stubenhocker, dessen Namen ich vergessen habe & der auf diesen Brief stieß, dazu einfallen ließ – ich habe das Buch hier …", er lehnt sich zum Nachtkästchen hinüber, „… nein, ich hab es schon zurückgegeben, aber Sie können es sich auch selbst in der Bibliothek leihen …",

„In der Bibliothek …",

„Fragen Sie einfach nach Sir Thomas Browne, dann finden Sie es schon ... der Bibliothekar weiß Bescheid",

das Muschgmöbel nimmt es hin, *Es gibt keinen Gott, & wir sind seine Propheten*, mag Fischer Bücher & Bibliothekare & Bibliotheken halluzinieren, es ging ihn nichts an,

„Noch eine Partie ...",

„Nein –", Fischer sagt gerne nein,

„Und Sie haben diese Morgellons ...", Haare auf dem Rücken, denkt sich das Muschgmöbel,

„Ja ... – nein; ja & nein ... meine Krankheit trägt diesen Namen, aber ... es ist kompliziert", er kratzt sich wieder mit der Gabel, „... ich meine, es ist kompliziert, wenn man es artikulieren soll, also: Erstens – Browne hat eine Krankheit mit diesem Namen erwähnt, jedoch war seine Diagnose falsch; zweitens – irgendein Forscher hat aufgrund dieser Erwähnung versucht, herauszufinden, um welche Krankheit es sich handeln könnte; er konnte sie mit keiner uns bekannten Krankheit in Verbindung bringen; drittens – jene Krankheit, an der ich leide & die offiziell nicht – noch nicht – als Krankheit anerkannt wurde, trägt den Namen Morgellons oder

Morgellons-Krankheit, weil die Mutter einer Leidensgenossin die Aufzeichnungen jenes Forschers, an dessen Namen ich mich nicht erinnere, gefunden hat & ihr dann, wegen zahlreicher Übereinstimmungen mit dem Krankheitsbild ihrer Tochter – die jedoch nur oberflächlicher Art sind – diesen Namen gab ... *offiziell* handelt es sich bei dieser Krankheit um eine Abart des Dermatozoenwahns ... nein, wissen Sie auch nicht, was das ist ... es ist, kurz gesagt, der Wahn, daß sich Tiere unter der Haut befinden, die sich bewegen ...",

„Tiere ...",

„Würmer, Spinnen, Insekten ... aber in meinem Fall sind es Spinnen ...",

„Spinnen ...",

„Unsichtbare Spinnen ... wer weiß, aus einer anderen Dimension vielleicht ... – nein, ein Scherz; ich glaube, sie schlüpfen hier ...", er zeigt mit den Gabelzinken auf seinen Bauch, „... dann wandern sie durch den ganzen Körper, nur nicht in den Kopf, dabei wachsen sie ... sie *bewohnen*, je nach Größe, ganz unterschiedliche Bereiche des Körpers – die größten sind in den Extremitäten, hier ... Arme & Beine; haben sie eine bestimmte Größe erreicht, zerfallen sie – oder ich scheide sie aus ... es spielt auch keine Rolle, man kann damit leben, bis auf das Jucken & die Ekzeme ...",

„Ekzeme ...", das Muschgmöbel, denke ich mir, ist zum Echo verkommen,

„Ich habe sie Gott sei Dank nur am Rücken ... andere haben sie auch im Gesicht – das ist dann nicht angenehm, aber so ...", er kratzt sich wieder, das Muschgmöbel steht auf,

„Erzählen Sie mir doch von sich", sagt Fischer, „die Geschichte von diesem de Veuster ... ja – hieß er so ...",

und das Muschgmöbel, im Zimmer auf & ab gehend, spricht ihm den Lepra-Text vor, denselben, wie ich vermute, den er üblicherweise Pistorius zu Mittag im kleinen Speisezimmer rezitiert, Fischer hört zu, kratzt sich & raucht, einmal bittet er das Muschgmöbel, ihm ein Glas Wasser aus dem Badezimmer zu holen, dort steht nur der Zahnputzbecher, doch auch |: heute am 17. März wie an jedem Tag :| stört es Fischer nicht, daraus zu trinken, ich frage mich, ob er eine Wahl hat, denn die Routine muß auch ihn im Griff haben, die Verdopplung des Raumes, des Geschehens, kann, denke ich mir, im Grunde nur eine Wahrnehmungsstörung sein – „real" ist sie nur an Orten möglich, an denen keine Zeit vergeht, in den Filmen etwa, aber auch, denke ich an Sisyphos, in der Unterwelt – entweder also, ich befinde mich an einem solchen Ort oder ich habe eine Wahrnehmungsstörung & befinde mich in einer Zeitschleife, die ich mir zumindest einbilde, denn an Zeitmaschinen & Zeitreisen glaube ich nicht – wobei im Fall der Einbildung nicht auszuschließen ist, daß diese künstlich verursacht, also *provoziert* wird, daß ich vergiftet oder manipuliert werde – & falls nicht, handelt es sich zweifellos um ein Trauma, dessen Ursache ich – noch – nicht kenne,

doch, wie gesagt, die Routine ist schon aufgebrochen, auch wenn der Besuch bei Fischer ein Rückfall war,

sobald ich ihn verlassen hatte, war die Erinnerung wieder da, ich stand vor der Tür & hatte die unheimliche Empfindung, daß überhaupt keine Zeit vergangen war, als hätte ich es mir kurz vor dem Betreten des Zimmers anders überlegt & mich nur umgedreht – ich erschrak & faßte den Entschluß, beim *großen Blabla* einen neuerlichen Rückfall in die Routine um jeden Preis zu verhindern,

doch bevor ich mir davon berichte, möchte ich noch einmal in Fischers Zimmer zurückkehren – ich weiß nicht, warum dieser Drang in mir so ausgeprägt ist, beim Schreiben das Vorgefallene in einer gewissen Vollständigkeit festzuhalten, es doch, obwohl ich ständig abschweife & geistige Bocksprünge mache, zu Ende zu erzählen, nicht *en détail*, aber doch in groben Zügen, die Routine *festzuhalten*, als wäre sie etwas Einmaliges, was sie in gewisser Weise, so paradox es klingt, auch ist, denn, alles in allem genommen, ist es nur *ein Tag*, den die Routine umfaßt,

und: sollte es mir gelingen, die Routine zu brechen & aus dieser Anstalt & diesem Tag jemals wieder herauszukommen – sei es auch nur, um wieder in meinem Disponentenalltag zu landen –, besteht eine große Wahrscheinlichkeit, daß ich mich an diese Routine & diesen Tag & diese Anstalt überhaupt nicht mehr erinnern kann, daß von diesem Tag, der bis gestern oder vorgestern mein *einziger* Tag gewesen ist, nichts bleibt, *nichts bleibt,*

schreibe ich & kehre in Fischers Zimmer zurück, wo das Muschgmöbel gerade seinen Lepra-Text zu Ende gesprochen & sich wieder zu Fischer auf die Bettkante gesetzt hat |: heute am 17. März wie an jedem Tag :|, um diesem das Stichwort für seinen geschichtsmedizinischen Monolog zu geben, den das Muschgmöbel mit der Frage, was denn die *Haare* in Brownes Brief mit den *Ekzemen* auf Fischers Rücken zu tun hätten, provoziert,

„Sie sind wohl zu faul ...",

„Wie bitte ..."

„Sie sind wohl zu faul, sich das Buch aus der Bibliothek zu besorgen, abgesehen davon, daß Ihre Frage unsinnig ist, wenn Sie mir zugehört haben – nein, natürlich nicht ... es war ja vielleicht auch etwas viel auf einmal für jemanden, der sich noch nie damit beschäftigt hat; also, um Ihre Frage zu beantworten: Die *Haare* stehen mit den *Ekzemen* in keinem Zusammenhang ... oder doch, über einen Umweg schon – und bevor Sie mich jetzt fragen, ob auch *die Spinnen* etwas mit den *Haaren* in Sir Thomas Brownes Brief zu tun haben und so weiter und so weiter, erzähle ich Ihnen, was ich weiß – eine

Kurzversion ... Sie können es ja später nachlesen, wenn es Sie wirklich interessiert ...",

das war die Einleitung, denke ich, jetzt folgt der Hauptteil, den ich herunterbeten kann wie einen Rosenkranz, was auch einen merkwürdigen Dopplungseffekt hat, dann weiß ich oft nicht, ob ich aufschreibe, was ich höre, oder Fischer ausspricht, was ich schreibe, so gegenwärtig ist mir das Gesagte, doch will ich mir diesmal die Dopplung ersparen, *Hohe Herren von der Akademie*, um mit Kafka zu sprechen, ich bin mein eigener Affe, denke ich, & erlaube mir, mich daran zu erinnern, daß Fischer den Hauptteil seines Monologs mit der Feststellung beginnt, daß jene Krankheit, die Sir Thomas Browne als Morgellons erwähnt, bereits früher & detaillierter beschrieben worden war, etwa von Schenckius gegen Ende des sechzehnten Jahrhunderts, als dieser über die bei den Arabern bekannten *Dracunculus* schrieb, die er offensichtlich auch aus eigener Anschauung kannte,

„... und jetzt", sagt Fischer, „wird das Haar zum Wurm ... – in der *Dermis* ... das ist zu deutsch die *Lederhaut*, die unter der Epidermis liegt – den Namen verdankt sie im übrigen dem Umstand, daß man sie gerben & zu Leder verarbeiten kann", elaboriert Fischer,

– nein, sage ich mir, so wird das nichts, Fischer redet mir in meinen Bericht hinein, da ist mir die Dopplung lieber,

„Es gibt eine Art Wurm, berichtet Schenckius, von dem Säuglinge häufig befallen werden, manchmal auch Kinder bis zu zwei Jahren, der sich in der Lederhaut festsetzt, bevorzugte Stellen sind die Muskeln der Arme, Beine & des Rückens; diese Würmer entstehen durch Ausscheidungen, die in den Poren des Körpers eingeschlossen & für dieses Alter typisch sind ... da sie nicht ausgeschwitzt werden können, verkapseln sie & gehen in einen Fäulniszustand über, der lebendig wird; daraus entstehen dann die Würmer, die in Gestalt & Aussehen jenen nicht unähnlich sind, die sich im verfaulenden Käse finden, doch sind sie viel kleiner ... Sie kriechen niemals vollständig aus den Poren, stecken aber ihre kleinen Köpfe hervor, wo sie in der Haut als schwarze Punkte kenntlich werden; sie verursachen zahlreiche Beschwerden, ein Gefühl extremer Wärme bei gleichzeitigem Juckreiz & in der Folge Unruhe & Schlaflosigkeit; haben sich diese Parasiten in genügender Menge im Körper ausgebreitet, *plündern sie das lebendige Fleisch,* wie Schenckius schreibt, nicht unähnlich den Läusen, mästen sie sich an den *nahrhaften Körpersäften,* sodaß der Säugling schwach wird & bald an extremer Auszehrung zu leiden beginnt;

sobald die Mütter dies bemerken, bringen sie die Säuglinge in die Schwitzhäuser & türkischen Bäder, massieren mit der Hand zuerst die Muskeln & befallenen Stellen & reiben sie dann mit Honig ein – durch diese Behandlung werden die Würmer so weit als möglich herausgelockt – dies sind vielleicht die *Haare,* die Sir Thomas Browne bemerkt haben will – & getötet; die Empfehlung der arabischen Ärzte, ihre hervorstehenden Köpfe mit einer Rasierklinge abzumähen, kommt in unseren Breitengraden kaum zur Anwendung … – soweit Schenckius, es gibt noch zahlreiche andere Berichte, die sich in der Beschreibung der Krankheit ähnlich sind, im siebzehnten & achtzehnten Jahrhundert wurde diese Wurm-Krankheit oft erwähnt, später verlor sich offenbar das Interesse daran …",

„Und heute … vielleicht ist die Krankheit ausgestorben …",

Fischer zuckt mit den Achseln: „Ich kenne nur die alten Quellen ... Mitte des neunzehnten Jahrhunderts gab es einen Forscher ... Ettmüller, ja, Michael Ettmüller, soweit ich mich entsinne, der die Würmer unter dem Mikroskop studiert & auch Zeichnungen von ihnen angefertigt hat ... er beschreibt sie als kohlschwarz, mit zwei Hörnern, runden Augen, einem Schwanz, der lang & gegabelt ist, mit Gliedmaßen, die gekrümmt & mit Haaren bedeckt sind ...",

„Schauerlich ...",

„Ja – und Schenckius, wie mir jetzt einfällt – es ist ein nettes Detail am Rande –, erwähnt auch, daß diese Würmer in den deutschen Ländern unter dem Namen *Mitesser* oder *zehrender Wurm* bekannt sind ...",

das Muschgmöbel setzt nach: „Und was hat das mit Ihren Ekzemen zu tun ...",

Fischer legt die Gabel zurück in den Teller, zündet sich eine Zigarette an, der Juckreiz scheint abgeklungen zu sein, „Sie meinen: abgesehen von dem Wahn, daß unsichtbare Spinnen durch meinen

Körper krabbeln ... – da betreten wir das Gebiet des *Inoffiziellen*, der Forschung, die nicht anerkannt ist, obwohl es Abertausende Berichte gibt, die sich aufs *Haar* – verzeihen Sie die Platitüde – gleichen & dieselben Symptome aufweisen, obwohl es Photos & sogar Filmaufnahmen gibt, Analysen &&&& ... – also: Abgesehen von dem Symptom mit den unsichtbaren Insekten, die durch den Körper wandern, & den Ekzemen, gibt es die Merkwürdigkeit, daß sich in den Ekzemen manchmal Nylonfasern finden, blaue & rote, soviel ich weiß – und diese Nylonfasern ... *leben*,

... ich habe die Filmaufnahmen gesehen, eine Sequenz ist mir besonders in Erinnerung geblieben – man sieht diese zwei Fäden, sie sehen wie Plastikkabel aus oder ... Elektrokabel, sie sind nicht in der Wunde, sondern auf einer Petrischale ... oder etwas in der Art; dann sieht man eine Fingerspitze, groß wie ein Gesicht, das sich vor die Kameralinse schiebt, die sich langsam der Petrischale nähert, in die Fäden kommt Bewegung, sie zucken, die Bewegung ist merkwürdig ... ruckelig, es scheint, als bestünden sie unter der Oberfläche aus einzelnen Segmenten, zuletzt richten sich die Fäden auf ... – ich weiß nicht, vielleicht war es auch nur eine Animation; im Grunde bin ich froh, daß ich diese Fäden nicht sehen kann ... mir reichen die Spinnen ... alle anderen Symptome äußern sich so, wie Schenckius sie beschrieben hat: Juckreiz, Ruhelosigkeit ... ich schlafe kaum mehr als drei Stunden pro Nacht ..."

„Morgellons ...", echot das Muschgmöbel,

Fischer dämpft die Zigarette aus, greift nach der Gabel, „Könnten Sie vielleicht ...",

„Nein ...", das Muschgmöbel steht auf, „ich habe noch eine Verabredung ...",

Fischer schiebt die Gabel unter den Jackenkragen & beginnt sich zu kratzen, „Schade ...",

V

ich gehe in das kleine Speisezimmer & trinke ein Glas Leitungswasser, überlege, was zu tun ist, doch der Theaternarr in mir schweigt, ich trinke noch ein Glas, dann ziehe ich mich aus, zuerst die Pyjamajacke, dann die Hose & die Socken, lege die Kleidungsstücke, gut gefaltet, wie ich es gelernt habe, auf einen Stuhl, obenauf die Socken,

es ist nicht kalt, ich schlurfe aus dem Zimmer, kehre nach wenigen Metern wieder um, nehme das Wäschebündel & lege es draußen über die ausgestreckten Arme des Schwarzbären,

der Aufenthaltsraum ist stumm, ich lausche an Pistorius' Tür, krieche unter dem Tisch zurück zum kleinen Speisezimmer, stelle mich vor den Schwarzbären, drehe mich um, schaue auf die Tür meines Zimmers, beginne mit den Schultern zu kreisen, bis das Knacken in den Gelenken aufhört, dann öffne ich die Tür zum Büro des *großen Blabla*, lasse sie weit aufschwingen, überschreite jedoch die Schwelle nicht, der *große Blabla* steht hinter seinem Schreibtisch, irgendwelche Zettel in der Hand, blickt auf, sagt: „Sie sind spät", blickt wieder auf seine Zettel, legt sie auf die Tischplatte: „Und, wollen Sie nicht hereinkommen ...",

ich will, aber ich bin mir nicht sicher, ob der bisherige Unsinn schon genügt hat, um die Routine zu brechen – immerhin, ich bin „zu spät", stehe nackt bis auf die Unterhose im Türrahmen –, damit ist zumindest die übliche Auftrittsroutine gestört – vielleicht reicht das ...,

ich überschreite die Schwelle, nehme jedoch keine Veränderung an mir wahr, der *große Blabla* trägt sein übliches Heute-am-17.-März-wie-an-jedem-Tag-Strickwestenkostüm, ich will schon nach den Montblanc-Etuis & dem Aktenordner greifen, da streckt er seine Hand aus, breitet sie über die Sachen, sagt,

„Heute nicht ... es ist nichts vorgefallen, wir können die Listen von gestern nehmen ... vielleicht ... vielleicht holen wir statt dessen unser Gespräch vom Vormittag nach ...",

es war keine Frage, er setzt sich, ich nehme in meinem *Behandlungsstuhl* Platz, das Leder ist unangenehm kalt auf der nackten Haut, er nimmt sich ein Klemmbrett & einen Kugelschreiber zur Hand, lehnt sich zurück, rollt mit dem Bürostuhl vom Tisch weg nach hinten, schlägt die Beine übereinander, legt den Kopf schief, sein rotbraungebranntes Gesicht erinnert mich an Fleckvieh, seine Lippen sind Kuhlippen, blaßrosa, glänzend, ich glaube, man nennt das *Flotzmaul* … wahrscheinlich benutzt er Lippenbalsam,

„Sie haben sich heute morgen unwohl gefühlt, wurde mir zugetragen … wie ich sehe, geht es Ihnen wieder besser … also …", er tippt mit dem Kugelschreiber auf das Klemmbrett, „wo waren wir …",

„Ich weiß, warum ich hier bin …",

„Ah, interessant …", er setzt sich auf, rückt den Kopf gerade, jede Bewegung ist Getue, wirkt einstudiert, würde ich seinen Lieblingsschauspieler kennen, denke ich mir, wüßte ich, *wer* hier vor mir sitzt …,

„Omertà – es ist wegen Aumeiers Manuskript", ein Schuß ins Blaue, doch er scheint enttäuscht,

„Das hatten wir doch schon, Herr Muschg … das war, wenn ich mich richtig erinnere, das war doch von Anfang an Ihre Verteidigungslinie … da waren wir doch schon weiter, Herr Muschg", er dreht sich mit seinem Stuhl um, rollt zu den Aktenschränken an der Wand, zieht eine Lade auf, schauspielert ein „Wo habe ich Sie denn …", legt ein „ah, da" nach, zieht einen altmodischen Leitz-Hängeordner hervor, schließt die Lade & rollt wieder in seine Ausgangsposition zurück,

„Bitte … da: Bereits bei Ihrer ersten Einvernahme durch die Polizei haben Sie angegeben, daß der – Anführungszeichen – eigentliche – Anführungszeichen Ende – Grund für Ihre Verhaftung jenes sagenhafte Manuskript sei, das Sie vor bald zehn Jahren an die Nachlaßverwalterin der Nationalbibliothek geschickt hätten … – das Manuskript hätte die kriminellen Machenschaften heute noch in Österreich tätiger Konzerne & Betriebe während der NS-Zeit zum Inhalt … und so weiter und so weiter …", er wirft den Ordner auf den Tisch, „Lächerlich –",

ich beuge mich vor, stütze die nackten Ellbogen auf die Tischplatte, versuche ein „überlegenes" Lächeln, „Wollen Sie behaupten, daß Sie diese Namen – Höller, Schwarzkogler, Kerf – nicht kennen …",

„Unsinn – jeder kennt diese Namen",

„… aber nicht jeder kennt diese Leute *persönlich*",

„Woher wollen Sie das wissen – Sie …",

„Was *Sie* nicht wissen, oder nicht *mehr* wissen, ist, daß Aumeier & ich einen gemeinsamen Freund hatten, Münther, ein Journalist – und dieser Münther war einige Jahre mit Anna Kerf liiert –"

„Aha, und warum sollte mich das interessieren …",

„Weil wir *auch* da waren … in Zirbenburg, in der Gruft, im Sommer … manchen …", sage ich geheimnisvoll, „war es zu heiß – und sie haben ihre Masken zu früh abgenommen …",

der *große Blabla* sitzt unbewegt, sein Schauspielergesicht ist ihm abhanden gekommen, und wie er so dasitzt, mit seiner randlosen Goldbrille & dem blöden Ausdruck im Gesicht, erinnert er mich verblüffend an einen solariumsgeschädigten Versicherungsvertreter, der in der sozialdemokratischen Partei vor einigen Jahren Karriere gemacht hatte & für kurze Zeit sogar Justizminister gewesen war, ehe ihn irgendein Skandal zu Fall gebracht hat – vielleicht, denke ich mir, ist der *große Blabla* mit ihm verwandt,

„Sie bluffen …", sagt er,

ich weiß, daß *er* blufft, aber sich nicht sicher sein kann, ob ich bluffe, ich lasse es offen, sage: „Nur weiter im Text …" & zeige auf den Hängeordner, er nimmt ihn zur Hand, legt ihn wieder weg,

„Wo waren wir …",

„Meine Einweisung …",

„Ah … nein, Ihre Behauptung, Ziel einer Verschwörung zu sein", er blickt über den Rand seiner Brille, „Sie wissen, daß das paranoid ist …",

„Weiter …", ich deute wieder auf den Ordner,

„Es gibt keine Beweise für Ihre Theorie, kein Manuskript … nichts …",

„Eben …",

„Andererseits: die Tatsachen …",

„Die Tatsachen …",

er schlägt den Ordner auf, „Sie haben … wie heißt die Dame … – da: Sie haben Frau Neuner, besagte Nachlaßverwalterin der Nationalbibliothek, wochenlang mit Anrufen, Briefen & Postkarten belästigt, ‚beinahe täglich' heißt es hier …"

„Die Tatsachen …",

„Es gibt Aufnahmen der Telefonanrufe, die Polizei hat eine … ‚Fangleitung' …",

„So heißt das wohl, wenn man nur Festnetz hat …",

„… gelegt – ja & dann der Vorfall …",

„Welcher …",

„Stellen Sie sich blöd, Herr Muschg, oder ...",
„Oder", stelle ich fest, „weiter ...",
„Schließlich haben Sie Frau Neuner, die auf Ihre Anrufe nicht mehr reagiert & Sie bei der Polizei angezeigt hatte, in einem Supermarkt mit einem Einkaufswagen gerammt, sie also tätlich angegriffen, bedroht & beschimpft ...",
„Ich habe noch nie eine Frau beschimpft ...",
„Hier steht es ...",
„Sagen Sie es ruhig ...",
„Wurstverkäuferin",
„Wurstverkäuferin ...",
„Das steht hier ...",
ich greife über den Tisch, klappe den Hängeordner in seinen Händen zu, „Sehen Sie ... – das ist doch alles Blödsinn, das wissen Sie so gut wie ich; was ... nur einmal als Gedankenexperiment ... wenn alles ganz anders ist – das ist doch der Ort hier für solche *Möglichkeiten*, die Anstalt ...",
„Das Sanatorium ...",
„Ja, das müssen Sie sagen ... wahrscheinlich ist es nicht einmal eine Anstalt, nur ein *Verwahrungsort* ... dieses Büro hier, was ist das ... eine Bibliothek ... – ja, nein, vielleicht ... – gut: Was also, wenn

alles ganz anders ist – wenn ich hierherkommen *wollte* ...", ich lasse es ein wenig wirken,

„Was, wenn ich keine andere Möglichkeit gesehen habe, mit den *Familien* Kontakt aufzunehmen, als es darauf anzulegen, an einen solchen Ort verbracht zu werden – und mir war immer klar, daß diese Verwahrungsorte existieren ...; was also, wenn ich Ihr Spiel *freiwillig* mitgespielt habe – dann muß ich doch einen Grund haben, wenn ich schon all diese Mühen & Risiken auf mich nehme ... ich hätte auch ganz woanders landen können ...",

ich höre mir zu, diesmal ist es keine Routine, ich höre mir zu, während ich dem *großen Blabla* in seinem Büro gegenübersitze, nackt bis auf die Unterhose, & frage mich & wundere mich, während ich dies aufschreibe, wie diese Gedanken & diese Geschichte, die sich so mühelos entspinnt, in meinen Kopf hineingekommen sind,

und da fällt mir Pistorius ein, der in meinem Traum vom *Ersten Tag* behauptet hat, ich sei *dort* ein Geschichtenerzähler ...

das macht mich traurig, ich weiß nicht warum, für mich bin & war ich nie etwas anderes als ein

Disponent, die Musik fällt mir ein, die Flötenkonzerte, & ich sage mir, um der Traurigkeit etwas entgegenzusetzen, daß ich wahrscheinlich nur müde bin, es war ein langer & kräftezehrender Tag, also nehme ich mich zusammen & hebe in dem kleinen Kopierraum, der eigentlich eine Abstellkammer ist, meinen Kopf aus der Traurigkeitswolke, mein Kopf, denke ich, ist eine Schreibfeder, die ich in ein Tintenfaß tauche, dunkle Schlieren vor den Augen, ölschwarze Tränen auf dem Papier, das Erinnern, sagt Aristoteles, ist eine Sache des Herzens, aber noch erinnere ich nichts, ich schaue nur …

„Sie bluffen …", sagt der *große Blabla*, doch ich sehe, daß er sich noch unsicherer ist als beim ersten Mal,
  „Keine Angst, ich will nicht viel – ich will die Familien nicht bloßstellen … was brächte es mir … ich bin nur ein Disponent, richtig, ein kleines Licht … – aber ich bin auch nicht blöd, ich habe Vorsorge getroffen, *deshalb* beende ich heute das Spiel; es gibt ein Antiquariat in der Inneren Stadt, gleich am Ring, gegenüber der Oper, *Zwerenz*, so heißt auch der Besitzer; Sie oder jemand anderer von Ihrem Verein muß bis heute mitternacht ein

Kuvert, das nichts weiter als den Namen *Aumeier* enthält, in den Briefschlitz an der Tür des Antiquariats einwerfen", was für eine Räuberpistole, denke ich mir, „– wie gesagt: Ich habe Vorsorge getroffen, ich hatte mehr als zehn Jahre Zeit zu recherchieren & mich vorzubereiten; das Material, das ich gesammelt habe, wird, sollte es veröffentlicht werden, *unmittelbare* Auswirkungen haben, um nicht zu sagen: Es wird die Republik erschüttern ... – Machen Sie sich auch nicht die Mühe, Herrn Zwerenz zu belästigen, er hat keine Ahnung & keinen Zugang zu den Dokumenten, sie werden auch, wenn, im Ausland veröffentlicht – und was das Material betrifft: Es genügt, denke ich, zu wiederholen, daß ich in Zirbenburg war, mehrmals ... und ich denke, Sie wissen, wovon ich spreche ...",

der *große Blabla* macht ein rätselhaftes Gesicht, das ich nicht deuten kann, er ist plötzlich ganz *kalt*, eingefroren gewissermaßen,

„Muschg ...", er beugt sich vor, „was *wollen* Sie eigentlich ...",

„Was ich will ... – nun, zunächst werde ich morgen meinen Aufenthalt bei Ihnen beenden ... und dann ... Aumeier ist seit über zehn Jahren tot, man kann sagen: Er ist vergessen ... tot, Asche, Staub, nichts ist geblieben, außer ein paar Exemplaren in Büchereien & Antiquariaten ... – ich will erstens, daß seine Bücher wieder erscheinen, & zweitens, *daß er gelesen wird* – und ich *will nicht*, daß er mit den Familien in Zusammenhang gebracht wird, weder in einem ihrer Verlage erscheint, noch postum etwas wie den *Höllerschen Literaturpreis* zuerkannt bekommt –",

„Sie sind verrückt ...",

„Ja und wären Sie ein Psychiater, hätte diese Feststellung vielleicht auch eine Auswirkung; ich weiß, daß ich nichts Unmögliches verlange, das, wie gesagt, ist alles, was ich will ...",

„Wenn ich mich auf Ihr *Gedankenexperiment* einlasse, müßte ich Sie jetzt fragen, welche Garantien Sie den Familien geben können, daß besagtes Material nicht veröffentlicht wird ...",

„Keine – nur mein Wort ... aber, wie gesagt, es ist nur ein Gedankenexperiment ...",

ich zitterte, als ich das Büro des *großen Blabla* verließ, ich weiß nicht, wegen der Kälte oder vor Aufregung, ich zog mich an & ging in mein Zimmer, legte mich ins Bett & blieb, bis es dunkel wurde, liegen, dann duschte ich mich, ein letztes Mal, wie ich mir sagte, zog mich an & ging in den Kopierraum, um zu schreiben,

jetzt, denke ich, bin ich mit meinem Schreiben an ein Ende gekommen, ich weiß nicht, was morgen sein wird, ob ich wieder in der Routine erwache, ob ich überhaupt nicht mehr erwache oder an einem anderen Ort, in meinem alten oder in einem anderen Leben, denn mein Auftritt beim *großen Blabla* wird, wie ich zugleich hoffe & fürchte, nicht ohne Folgen bleiben,

mehr als vor dem Tod fürchte ich mich vor der Routine, davor, wieder bewußtseinslos in dieser Anstalt zu erwachen & als Muschgmöbel meine Runden zu ziehen … bis in alle Ewigkeit, denke ich mir, doch bin ich erstens nicht für die Ewigkeit gemacht & zweitens ein Anhänger des alten Glaubens, daß die Erinnerung im Herzen wohnt, was jene, die mich in die Routine zwingen & damit in den Wahn, nicht wissen, weil sie Kopffüßler sind, das Gehirn aber ist kalt & empfindungslos,

solange mein Herz schlägt, ist auch die Erinnerung in mir lebendig, mag sie verschüttet oder mir

der Zugang durch äußere Einflüsse oder traumatische Erlebnisse verwehrt sein,
    das Herz ist warm,
    jeder Herzschlag ist unumkehrbar,

das Herz sagt *jetzt*
    und dieses *jetzt*
    kennt auch ein *gestern*

und ein *morgen* ...

Alfred Goubran

Lebt in Wien. Umfangreiche literarische Tätigkeit als Schriftsteller, Rezensent, Übersetzer („Der parfümierte Garten", „Die gelbe Tapete"), Herausgeber („Staatspreis. Der Fall Bernhard") und Verleger (edition selene bis 2010).
Seit 2010 betreibt er das Musikprojekt [goubran].
Infos: www.goubran.com

Von Alfred Goubran bei Braumüller erschienen:
„Ort", Erzählungen, Wien 2010
„AUS.", Roman, Wien 2010
„Kleine Landeskunde", Essai, Wien 2012
„Der gelernte Österreicher", Idiotikon, Wien 2013
„Durch die Zeit in meinem Zimmer", Roman, Wien 2014
„Das letzte Journal", Roman, Wien 2016